湛庐CHEERS

与最聪明的人共同进化

HERE COMES EVERYBODY

CHEERS
湛庐

[美]玛戈·布卢姆斯坦 著
Margot Bloomstein

汪幼枫 译

品牌发声

Trustworthy

浙江科学技术出版社 · 杭州

测一测

品牌如何做才能赢得消费者的信任?

扫码加入书架
领取阅读激励

- 在推出新的渠道和服务时，企业对客户展示的视觉效果和风格是否应该立即转变?

  A. 是

  B. 否

扫码获取全部测试题及答案，一起了解品牌构建核心竞争力的关键要素

- 简洁的视觉设计是苹果公司实体店获得高效益的重要因素之一，这其中的主要原因是什么？（单选题）

  A. 苹果用户偏好简约风格

  B. 简洁带给人更多掌控感

  C. 简洁的设计可以降低成本

  D. 恰到好处的信息量有助于顾客集中注意力

- 当品牌犯错时，以下哪种做法不利于赢得公众的尊重和信任?（单选题）

  A. 逃避问题，寄希望于负面新闻随时间消逝

  B. 勇敢地面对批评，自我审视

  C. 坦诚地暴露失败，并展示愈合与成长的过程

  D. 积极承担责任，向公众致歉

扫描左侧二维码查看本书更多测试题

献给克洛弗（Clover），是你让我对这个世界满怀希望；
献给迈克（Mike），是你给了我满怀希望的理由。

当品牌袒露脆弱：信任废墟上的新生

楚学友
友声誉®品牌咨询创始人兼 CEO
《危机公关实战手册》作者
品牌声誉顾问
TEDx 演讲者

在信息过载与信任崩塌的时代，我们面临着专家失信、社会撕裂、秩序失范的危机。公众的怀疑情绪如同病毒般蔓延。品牌面临的最大挑战早已不是产品力、营销预算或流量红利，而是“信任赤字”。传统危机公关的“否认－道歉－补偿”三板斧在此完全失效，品牌的所有道歉都早已被预设为“公关策略”。

玛戈·布卢姆斯坦的《品牌发声》为我们揭示了一条不同寻常却充满人性与温情的路径：通过一致的表达、合理的信息量以及勇于示弱的透明沟通，重建品牌与公众之间那早已消失殆尽的情感契约。

作为一名长期在品牌声誉管理一线“战壕”的专业人士，我深知品牌发声的“成败一线间”——在危机爆发的黄金 20 分钟内，品牌若未能以正确的姿态、信息和语调回应，就可能沦为网络怒火的牺牲品。而布卢姆斯坦在本书中所强调的脆弱性、简洁性、一致性，恰恰是现代危机管理中的三大基石。

本书的三大结构，即声音、信息量和脆弱性，与品牌声誉管理三原则高度呼应：一是在危机战备时，形成稳定清晰的品牌叙事策略；二是危机沟通，以共情和精准的语言来表达；三是危机修复，从勇敢承担责任开始。

危机战备，“声音”不是情绪，而是策略

布卢姆斯坦指出，品牌的声音不仅是文案风格、视觉风格，更是品牌人格的外显方式。它在危机前筑牢公众认知，也在危机时刻决定是否能赢得“二次信任”。例如 Mailchimp 从初创到巨头，通过持续一致的语言风格与人设表达，避免了因企业成长带来的老客户流失，这正是危机战备中品牌信任资产积累的绝佳范式。

作为顾问，我建议所有品牌必须制定“品牌发声风格手册”，从语气、用词、视觉风格到“对负面事件如何表达遗憾”，都应有一套预设模板，正如 Mailchimp 所构建的内部风格指南。这不是僵化，而是提前预演和风险控制。

危机沟通，“信息量”决定公众是否能做出理性判断

危机沟通最常见的错误之一，是“要么说太多，要么沉默”。布卢姆斯坦的分析精准指出，信息必须“具体到可以行动，抽象到可以共鸣”，这在信息混战的社交媒体时代尤为重要。

信任重建的核心不是说服，而是赋能。她引用 GOV.UK 精简政府网页的案例极具启发性：从 7.5 万页缩减到 3 000 页，让公众真正看得懂、找得到、能判断。而这对任何品牌尤其是在危机声明发布时所撰写的“道歉声明”“事件澄清”“处理流程说明”而言，同样适用。

我常提醒客户：“如果你的危机声明不能在 20 秒内被受众理解，那它就等于没说。”

信息不是越多越安全，而是越清晰越可信。

危机修复，“脆弱性”是饱含勇气的呼应，而非被动示弱

最打动我的章节，是布卢姆斯坦对展示品牌危机和组织脆弱的诠释。品牌信任的本质是人性共鸣，而非完美人设。作为危机公关从业者，我从中看到了颠覆性的解决方案——那些敢于暴露弱点的品牌，反而在危机中获得了惊人的修复力。真实的表达能换来真实的连接。

Zoom 在面对隐私争议时的迅速回应、主动担责和公开改进机制，是教科书式的“将脆弱变为信任”的危机应对。

很多企业对危机的第一反应是“封锁信息、推卸责任、低头装死、等待冷却”，但愈发成熟的公众不再买账。“我们错了，我们会改”比“我们没有错”更能赢得尊重。公众原谅错误，但痛恨欺骗。

信任经济时代，最大的风险不是犯错，而是失去犯错的勇气。

布卢姆斯坦引用 Lovehoney 与 FBI 的案例，证明了“承认能力边界”反而让品牌显得更可信——这也正是声誉重塑的核心。

在我陪跑实战处理的多个危机热搜事件中，最能逆转局势的，不是公关技巧，而是管理层愿意真诚站出来说：“我们错了，我们在乎你，我们真诚反思，我们正在改正，我们准备修复。”

我将作者的框架提炼为“脆弱性公关”框架：暴露局限 → 共担责任 → 开放共建 → 进化叙事。

《品牌发声》虽然贯穿着作者对内容策略的深度思考和典型案例，却并非一本浮于表层的“内容或文案指南”，而是从品牌承诺、心理认知、行为习惯、组织文化与战略一致性的深度视角，探讨了信任重建的现实路径。它尤其适合以下几类人阅读：

- 品牌创始人与 CEO：这本书会告诉你如何构建品牌性格，而不仅仅是打造广告语。

- 公关与品牌从业者：它是你应对日益复杂的“信任战争”的作战地图。
- 危机管理负责人：它提供了提前预防、精准回应的结构性思维工具。

面对一个愈发不信任企业的世界，我们不再需要更响亮的声音，而是需要更值得信任的声音。布卢姆斯坦告诉我们，出现危机的关键不是如何灭火，而是如何让品牌成为公众心中“允许被浇灭的灯”——因为人们知道，那盏灯敢于展示修补的过程，并永远愿为黑暗中的行者重燃光明。

Trustworthy

引 言

流量红利退去，
为什么品牌发声如此重要

我不相信你说的话。

这句话并不是针对你。我知道你也不信任我。你可能不相信你听到的大部分话语，我也一样。其实大多数人都是如此。无论你是为零售业巨头、政府机构还是其他组织工作，你都可能已经注意到了，那就是你所看到的很多营销活动最终都是惨淡收场。它们所传达的大多数信息都无法激发人们采取行动。人们已经不再像从前那样信任品牌了。

普罗大众、消费者和企业买家正在受到一种全面的、自我保护式的怀疑主义的影响，它破坏了经济领域中所有意在提供信息、产品和服务的努力。但是你能责怪他们吗？你的受众曾经见证过失败的领导力、自相矛盾的信息，领教过他们自认为很熟悉的品牌以及在新闻中斩钉截铁地提供观点的公众人物的欺诈行为。当人们不知道该信任谁，从而决定什么都不相信时，愤世嫉俗的种子就在他们的心里生根了。

所有人都想掏空你的钱包。

所有政客都会撒谎。

他们就是这样坑你的！

人们开始对专家敬而远之，制造用于过滤信息的“信息茧房”[①]，并最终趋向保守，连自己的直觉都不再信任。他们对自己评估信息和做出正确决策的能力失去信心。这个世界令他们不知所措。

在这样的情形下，你需要知道如何与他们打交道。为了重新赢得你的受众、重新赢得他们的信任，你需要重建他们的信心，让他们有能力做出正确的决定。不要加剧他们愤世嫉俗的情绪，这并不是正确的方式。相反，要通过肯定受众的积极情绪来帮助他们学会自助。这不是一项简单的工作，而激发用户的恐惧和焦虑情绪要比这容易得多。但是后者的做法不仅会让用户感到恐惧，也会让整个社会陷入恐惧、愤怒和愤世嫉俗的困顿之中。

愤世嫉俗者们眼中看着这个世界的真实模样，嘴里说着它比看上去更糟。但是设计师、文案写手、营销人员、社交媒体经理、首席营销官、创意总监，以及负责企业传播、用户体验设计和内容战略的工作人员们，眼中看着这个世界的真实模样，脑海中则想象着它会变得更好。

如果你正在阅读本书，那么你完全可以通过参与内容创作和设计来使世界变得更好。下面这本书就告诉你该怎么做。

---

① 原文为 filter bubble，早期传播界有将其译为“信息茧房”的情况，后期译为“过滤气泡”。两个理论都用于描述信息爆炸时代人们接收信息时部分信息被过滤的现象，根据上下文人们由于偏好、恐惧等原因主动建立屏障，故这里选择译为“信息茧房”。——编者注

声音

品牌发声要素

“声音”（voice）特指品牌所做的每件事情中通过视觉和语言体现出的鲜明个性。

- 你是在突出传统感还是创新感？
- 你要展示机智和优雅，还是斗志和创造力？

品牌声音有助于区分你和你的竞争对手，同时也有助于让品牌人性化，彰显你认为最重要的信息。它能让受众了解品牌的特质、现状以及他们能否信任你。

Trustworthy

通过在持续一致性和新颖性、行话和通俗易懂的语言之间取得适当的平衡，你的声音可以教会人们如何与你的公司打交道。你正在经历成长的痛苦吗？那就了解一下持续一致的视觉和风格可以如何帮助你的公司实现发展、推出新产品，并接触到新渠道，同时又能让你的既有受众对你不离不弃。Mailchimp[①] 的企业传播部门和创意部门领导层将告诉你，在它成长为今天的营销业巨头的过程中，他们是如何避免最初的小企业主客户的流失。

你是否已经准备好高举标新立异的旗帜，以便让你的受众能够找到你？在 Mailchimp 向其忠实的客户群发送电子邮件之前，时装品牌

① 意为“邮件猩猩”，一家提供电子邮件营销平台的电子商务公司，它的卖点是用户操作简单，号称连猩猩都会用。——译者注

香蕉共和国（Banana Republic）就已经在游猎服装领域为自己确立了独树一帜的公众形象，并带着独特的视角以及具有相同品位的受众回来了。在本书中，我们将分享香蕉共和国创始创意团队的心得体会，是他们帮助公司创造了品牌诙谐而充满文艺感的声音，通过游记与利基受众[①]建立了融洽的关系，创建了一家游猎和军需服装商店。用心了解如何创造跨渠道的、具有凝聚力的视觉和语言，可以帮助你的受众在品牌成长的过程中始终紧随着你。

接着，我们将进一步深入揭示，品牌如何通过谦逊和透明的交流方式赢得受众的信任。我们将带你了解像美国联邦调查局（FBI）和英国情趣用品零售商 Lovehoney 这种远离普通消费者视线的组织，是如何通过坦陈其专业知识的局限性来对其受众赋能授权的。这两个组织都将信息设计和内容结合在一起，以澄清机构知识的边界和局限性。我们将探索如何通过显化品牌的弱点来获得令人惊喜的机遇，从而巩固品牌形象并提高受众的参与度。

公开品牌所遇到的挑战和机遇，能够让你更接近受众。但是，随着受众逐渐了解你的品牌，他们是否会遇到一堵由行话、厚厚的文件和密不透风的信息设计构筑的无法逾越的壁垒？在书中，我们将通过美国国家卫生研究院（NIH）和英国国民医疗服务体系（NHS）的内容设计范例，了解如何使文件内容通俗易懂并对受众赋能授权。听听这些组织的领导者的经验之谈，他们努力以教育而非疏远的方式整合行话，并从医学界汲取经验，学习如何使用通俗易懂的语言，以便更好地为其受众和临床医生服务。我们将仔细研读 NHS 服务手册和相关

---

① 利基受众，指针对特定细分领域的小规模、高价值目标人群。——编者注

指南，从中提炼最关键的经验。有了这些经验，哪怕是密不透风的组织，也能转变为值得受众信赖的兼具权威性和赋能授权的典范。

通过采用通俗易懂的语言、持续一致的交流方式和谦逊的态度，你将找到重新激发受众信心的方法。你的品牌将从中获益，你的努力也将促进组织实现一个更伟大的目标。你的受众希望对他们自己更有信心。通过建立一种持续一致、清晰无误的声音，你将教会受众重建自我信任。

信息量

品牌发声要素

声音解决了“如何交流”的问题；信息量（volume）则决定了交流的长度和详细程度。

- 就一个话题应该铺放多少信息？
- 是否应该规定博客文章和产品描述的字数或话题深度？
- 图片库要传达产品或流程的精髓，还是传达全面的体验？
- 该如何确定多少内容是足够的呢？

通过探究那些提供了明确答案的案例可知：当你的受众能够做出明智的决定，并对自己所做出的决定感到满意时，你就已经提供了足够的细节。

Trustworthy

在某些情况下，详细的技术图像和广泛的产品评估可以培养潜在受众的信心和确定感，就像他们在自行研究一样。但并非所有产品、服务和环境都可以提供“试驾”。适当分享你的工作情况和原始数据，能让受众对你的流程、品牌以及他们自己做出明智选择的能力更有信心。借助“美国测试厨房”（America's Test Kitchen）团队的洞察力，我们将了解到，提供给受众更多的内容为何会形成以下两种局面：一是在利基受众那里取得成功，二是在跨平台和渠道的广大受众那里取得成功、获得较高满意度。

提供更多的内容并不总是会有更好的效果。冗长的描述、层层叠叠的信息图表，以及一而再、再而三的动员呼吁，可能会让你的受众晕头转向，削弱他们对自己和对你的信心。你可以向英国政府网站 GOV.UK 的团队学习，他们硬是将政府服务内容的文件从 75 000 页缩减到了 3 000 页。[1] 他们能够教会你怎样确定内容范围，并引导你的受众和内容贡献者们集中注意力。这两类人都会为此而感激你的。

除了从交流的长度和详细程度的角度来研究内容外，你还需要了解抽象化为何有助于实现对受众的赋能授权并赢得他们的信任。去看任何一张地图，你都会看到一些“有用的”谎言，那是一种对现实做出的有益的、有价值的、值得信任的导向性陈述。地图就是抽象化的一个例子，这项技术可以帮助你的组织处理关于你的服务、产品或流程的烦琐细节，提供更具操作性、相关性和可靠性的信息。在本书中，我们将探索在不损害真实性的前提下，抽象化是如何增强医患交流，如何指导爱彼迎公司（Airbnb）的视频制作，以及如何提高选举过程中的公众信任度的。你还将了解到美国前国会议员候选人亚历山德拉·钱德勒（Alexandra Chandler）是如何在情报界建立了一个模型，从而将敏感级别的交流抽象化到让人容易接受的。这个模型对于任何需要进行危机沟通、处理微妙的社会问题，或是要与心思缜密的受众进行挑战性对话的组织而言，都是宝贵的经验。

脆弱性

品牌发声要素

持续一致的声音和恰当的信息量都是优秀的、由品牌驱动的内容策略，体现了以受众为中心的特点。当你同时愿意展示脆弱性（vulnerability）时，.这些努力将能共同促进信任。

你是否愿意顶着被批评、嘲讽或极端受众的压力，揭露你面临的令人困惑的挑战和残酷的事实？

一旦遵循这种信息透明度，你就会让自己变得脆弱。但是，不要把脆弱误认为软弱。最聪明的品牌会通过承认自己的错误和接受脆弱性而变得更为强大。

Trustworthy

通过实施脆弱性策略，你会将自己的品牌暴露于批评、非议和风险之中，并期待获得更大的回报。这种暴露具有贬损性，哪怕是最强大的组织也会被摧毁，但它同时也能为你的品牌赢得受众、忠诚度和声援者。这种权衡涉及甚广，它代表着企业在交流方面的巨大转变。

不要为你的品牌营造坚不可摧的形象。让我们考虑一下：通过让你的受众（包括批评者）了解幕后情况，你可以在真实性方面取得什么收获？我们将在本书中介绍，如何通过揭示品牌的演变过程和利用各种机会公开进行试错迭代，来欣然接受脆弱性。不妨听取 TED 的编辑团队和《纽约时报》的创意总监关于召集受众社群以进行更丰富的产品宣传的经验。然后再了解一下，为什么说为你的受众服务即意味着要抛开你以往所有对同理心的认知，摒弃傲慢，拥抱更富同情心的体验设计。我们还将借助香料零售商 Penzeys Spices 公司的经验，深入了解围绕着厨房餐桌培养受众社群的过程。任何创新之举都可能会招来批评并让一些客户感到沮丧，但这终将让你的销售额飙升，哪怕你只是一名谦逊（但直言不讳）的调味品商人。

对品牌来说，暴露其内在运作机制和工作伦理是有一定风险的，但是承认问题的存在并向客户负责，则需要展示更多的脆弱性、拿出更大的勇气。这样做的好处是可以带来创新和增长。当批评者、股东、客户和媒体都大声疾呼，要求你对不良行为和管理不善的现象做出解释和道歉时，那就是你的公司最脆弱的时刻。在那一刻，你是会针对失败之举变本加厉，还是会抓住机遇以求发展？

聪明的品牌会抓住机遇，借助公开陈述的手段建立信任。当形势需要你做出困难的决定，但又不能提供确定性或完整信息的保护伞时，聪明的品牌也不会害怕采取行动。如果你的团队在一个快速发展的领域中没有掌握全面的信息，你会如何应对风险？请向萨拉·科迪（Sara Cody）博士学习，她在旧金山湾区应对公共医疗卫生方面的领导艺术就是一种表率。在透明交流和协作思维的背景下，科迪博士接受风险并采取了大胆行动。当事情出错时，你可以去发掘道歉在与受众重建融洽关系方面的价值。不妨也借鉴一些在问责方面能给我们提供经验的实例：一家大型医疗事故保险公司、一场经典的 Kickstarter 网站众筹活动、服饰品牌老海军（Old Navy）和视频会议软件巨头 Zoom。这些例子讲述了品牌如何不失勇气，清晰并富有同情心地与受众进行交流。正是在最脆弱的时刻，你的品牌必须智胜信任感的最大敌人：愤世嫉俗。

响应受众对赋能授权的呼吁吧！他们聪明又充满希望，也渴望让身边的人看到这一点。作为消费者、公民，你的受众希望你尊重他们，帮助他们变得更聪明，并肯定他们的希望。而你的品牌拥有回应其呼吁的平台和工具。你的声音是否足够勇敢，你的信息量是否有足够大的支持力，你在自身的发展过程中是否愿意拥抱脆弱性，从而使你的品牌在满是愤世嫉俗者的汪洋大海中成为罕见的救生索？在本书中，你可以找到通过内容和设计向人们赋能授权的工具、范例和经验之谈。你将听到来自医疗保健业、出版业、初创企业、服装业、政府、零售业、非营利组织、市政设计和学术界的营销人员、设计人员、文案写手以及领导者讲述他们的经验，以便你和你的团队分享。通过通力合作，你们可以帮助受众在这个令人畏惧的世界中变得更有安全感，怀着自信而非忐忑不安感生活于其中。帮助他们重拾对自己的信任，你就能够重新获得他们对你的品牌的信任。

全世界都对你充满期望——所以，让我们启程吧！

Trustworthy

第一部分

声音

让交流触达用户心智

How the smartest brands
beat cynicism and bridge the trust gap

Trustworthy
导读

要想与众不同，就要保持一致、稳定

“声音”特指一家公司通过其一言一行体现出来的独一无二的、可识别的个性。你的品牌需要拥有自己的声音，原因有二：

第一，它可以帮助你的受众将你的公司、服务或制度与其他品牌区分开来。只有当你不是泛泛之辈时，你才具有重要性；卓尔不群的品质对你极为有利，而你的受众也能从中获益。

第二，声音能够使你的品牌人性化，并为其提供一种视角。你是诙谐机智的，精致高雅的，还是谨慎保守的？你的声音可以让你的受众了解你的特质、现状，并向他们提供一些值得信任的信息。如果受众对你一无所知，你就无法在受众中建立信任。

在市场营销和品牌发展中，声音既是言语的，也是视觉的。它既包含信息中的文字，也包含用来传达文字的字体或图像。聪明的品牌通过鲜艳的色彩、简洁的句子和打破常规的摄影来传达这种品质。比较保守的品牌则会回避这一切。所以，你的特质是什么？更重要的是，你的受众了解你的特质吗？

“你的声音代表了公司的个性。”妮可·芬顿（Nicole Fenton）和凯特·基弗·李（Kate Kiefer Lee）在其网络写作指南《好文案会说话》（*Nicely Said*）中提出了这一忠告。[1]语气是可以改变的，以适应信息的语境和内容。我们会“平抑语气”以传达严肃性，或“转换语气”以激发热情。然而，声音是一种跨平台和语境的持续一致的存在。要想与众不同，就必须保持持续一致性。但是有些信息需要新颖性，或者是需要你的语气有所转变。在组织演变发展的过程中，你可能会扩大业务范围、提供更多的服务，或是在不断变化的经济形势下调整转向，而在这期间，你可能需要找到新的交流风格或平台。在一些情况下，信任来自你与受众共同遵守的约束条件或是你所采取的克制态度。**通过向受众赋能授权、展示你对他们的关心并赢得他们的忠诚，从而培养信任感，才是持续一致、谦逊、平易近人的交流方式。**

没有什么比新颖的事物更能吸引注意力，也没有什么比被他人甩在后面的想法更容易引发焦虑。通常来说，持续一致的声音有助于品牌与受众交流新产品，并为消费者勾勒出品牌路线图。我们渴望并乐意为一件出色的产品买单，无论是苹果公司最新发布的产品、新一季的电视节目、我们最喜欢的作家的下一本书，还是心仪品牌推出的热门新款运动鞋。苹果手机、《怪奇物语》（*Stranger Things*）①、露易丝·佩妮（Louise Penny）②和范斯（Vans）③的相似之处在于，这些品牌都非常了解自己的受众，能够以新颖性和持续一致性来回报受众。

① 奈飞公司（Netflix）推出的科幻惊悚美剧。——译者注

② 加拿大侦探小说女王。——译者注

③ 美国极限运动品牌。——译者注

消费者并不总是想要新开发的爆款产品。有时他们想要的是自己熟悉的东西，并保留他们所了解的产品。消费者继续使用旧手机，不是因为技术是循环的[2]，而是因为它运行正常，并且没有任何其他手机可以像它那样妥帖地放在后兜或手袋里。比如你买了一个包，仅仅是因为你的笔记本电脑正好可以放在里面；或者你买了一个手袋，因为它刚好可以放得下你的手机。这样你就能体会到当产品正好满足你的需要时的舒适感。可是随着手机屏幕变得越来越大，技术反而可能会将最狂热的粉丝抛在后面。然而，品牌想要发展下去，其中既有市场压力和股东需求的因素，也有摩尔定律[3]的影响，后者迫使技术变得更强、更快、功能更齐全。**携手客户共同前进是品牌自身的任务。想要保持客户对品牌的信心和忠诚度，共同的语言、持续一致的品牌经营和周到谦逊的态度必不可少。**

Trustworthy

第 1 章

保持一致的表达，展现个性

成功的品牌售出的是
价格合理的理想。

成长是一种尴尬的、往往会让人产生疏离感的经历。你若不信，就去问问那些家中有十几岁孩子的人，或者还记得自己十几岁时在家中是什么状况的人。年少的你不想失去能让你获得慰藉的事物和熟悉的接触点，然而时光在无情地流逝。如果你运气不错，而且你身边的人乐意支持你，那么成长就会带你进入更广阔的天地。

对于你的企业而言，成长可以被视为一个目标，但这并不意味着它将以优雅的方式推进。在你探索新机遇的过程中，你得冒着流失既有受众的风险。他们会感到忧心忡忡，而且理由也很充分。你会忘记他们的需求吗？当你将客户服务的重点放在更为新颖的产品上时，你是否会把他们抛到脑后？在你刚起步时，你会通过幽默或积极回应的方式与他们增进感情，现在你会不会抛弃这些做法？接下来会发生什么？

跨越时间和平台的维度，保持持续一致的声音，这是在向受众宣示忠诚。不管发生了什么，你都会很投入地和他们交谈。通过运用可靠的语言和视觉个性，你可以帮助你的受众了解你和你的品牌是怎样的、他们是怎样的，以及你们是如何相互联系的。你是否将你的客户视为企业家伙伴，并且在与他们建立联系时运用目光接触和第一人称视角？你是否会针对他们的抱负，为他们提供在别处找不到的文化参考和观点？你是否会花时间去引导用户，或是向他们透露幕后花絮，以表达尊重和热情？这些有意识的做法能帮助你找到你的受众，同时也能帮助他们找到你。随着你的受众通过你精心选择的交流方式和交流内容逐渐了解你的品牌，你将与他们建立起融洽的关系，同时，你也将建立起一种更有价值的东西——通过向受众展示忠诚，你也会赢得他们的忠诚。这种持久的精神联系是任何人都不会在成长的过程中放弃的，即使是个性最独立的青少年也会证实这一点。

品牌成长中的“老客丢失”

作为首席传播官，凯特·基弗·李回顾了 Mailchimp 的成功之道和企业定位。当我们在论证本书的意义时，凯特还在担任公司的高级传播总监；现在，当我在撰写本书时，她已经是负责传播和企业事务的副总裁了。

“我们成长得非常之大、非常之快。”她对我说，“当公司规模没这么大时，客户觉得与我们的关系更密切，因为当时我们也是小公司嘛！”

在 Mailchimp 的早期发展阶段，客户很容易与其 CEO 取得联系。随着公司进一步发展，他们就必须升级并设计各种与客户保持联系和建立融洽关系的方法。

“2016 年，我们赚了 4 亿美元。在规模已经增长的情况下，我们确保传达出这样的信息：‘我们支持小企业，我们以前也是小企业，只不过我们已经发展壮大了。’”

2010 年凯特入职时，Mailchimp 有大约 30 名员工。在 10 年不到的时间里，公司员工数量已超过 1 200 名。到 2021 年左右，这个营销自动化平台为超过 60% 的电子邮件营销公司提供服务[1]，支持超过 1 200 万家客户。[2] 虽然这可能是一道经典的“受欢迎的难题”，但是仅仅说 Mailchimp 需要好好维护其在小企业中间的信誉，就未免过于轻描淡写了。

这是一道常见的难题：当你的公司在不断增加新的服务项目，并沿着成功的道路攻城略地时，你该如何继续与那些担心已经被你甩在后面的老客户相处？更重要的是，你如何确保他们仍然能够理解你？ Mailchimp 的客户们每天共计要发送超过 10 亿封电子邮件，而在这种纷繁忙碌的景象之上，公司正致力于保持其独特的个性，与品牌自身及客户的视角、成熟度保持一致，其中有许多客户是与公司一同发展起来的。在 Mailchimp，文案写手和设计师负责做出战略选择，确保在时间流逝的过程中用持续一致性来平衡变化。随着公司推出新的渠道和服务，他们始终保持着相同的、客户熟悉的声音。如今，Mailchimp 的图形语言变得更简单，使用了更成熟的调色板，但仍以醒目的黄色原色为基础。这些选择借鉴了工业设计师雷蒙德·洛伊（Raymond Loewy）的玛雅（MAYA）原则：通过融入“最前卫，但依然可以接受”（most advanced, yet acceptable）的元素，品牌可以推动其受众进步，同时，品牌提供的产品和体验依然能受到欢迎并为人们所熟悉。[3]

凯特解释说："在很长一段时间内，企业只是利用 Mailchimp 来开展电子邮件营销活动。"接着，Mailchimp 推出了营销客户关系管理（CRM）、Facebook 广告、明信片打印和分销等业务。这家小小的电子邮件营销公司早已经超出了最初的运营范畴。"当我们开始增加渠道并将产品推向一个新的方向时，我们必须确保受众知道我们仍在专注于我们的核心电子邮件产品。有一件事情我们做对了，那就是我们的声音和态度没有改变。"凯特说。

在 Mailchimp 的早期阶段，公司吉祥物弗雷迪（Freddie）会在应用程序的运行过程中跳出来说笑话。公司以热情、迷人和乐于助人而闻名，这些特点与那个在错误信息产生时对香蕉做出标新立异评论的猴子形象完美契合。凯特说："我们努力表现得友好、平易近人和风趣，但是弗雷迪占用了应用程序的很多空间，而且它并不能帮助人们完成工作。感觉它会让人分心，所以我们把它删除，换成了一个图标。但是我们仍然试图以一种恰当的方式来表现风趣。"

随着客户对 Mailchimp 的声音越来越熟悉，他们不再需要通过与吉祥物互动来了解接下来会有什么体验。公司编辑的声音可以根据需要，针对不同的语境和产品适当地转换语气，从而精确地向客户传达信息。"我们通过自己的声音确保我们能始终保持友好、坦率、随和的形象。"品牌营销高级总监马克·迪克里斯蒂纳（Mark DiCristina）解释道，"我们始终努力与客户保持一致，并主动迎合他们的需求。在 Mailchimp 的品牌声音和交流语气之间，存在着一种差异：我们努力保持一种持续一致的声音，但会根据不同的语境和客户调整语气。"

当语境比较积极时，Mailchimp 的话语内容会迎合客户的兴奋、好奇和放松情绪。而当语境比较消极时，它就会调整话语内容，与客户的沮丧和伴有压力的情绪保持协调。[4]

积极语境：“干得好！当你发送了第一封电子邮件后，你就正式成为我们中的一员了！”

消极语境：“我们上天入地都找遍了，可就是找不到你要的东西。让我们再去别处试试吧。”

当话语内容的目的是诱导和吸引受众时，其风格会比较随意、诙谐，较有自我意识。当话语内容的目的是提供信息或做出保证时，其风格则会比较直接、详细和具体。来看看 Mailchimp 是如何运用这些不同的文案元素，来解决客户在 Facebook 上的广告使用问题的：

诱　　导：“在你的广告里亲切地说声‘嗨’，就像这则广告一样。”

提供信息：“如果受众参与度太低，Facebook 可能会取消你的广告。这听起来很可怕，但每一名受众都是不一样的，所以反复尝试几次是正常的。”

这种转变是 Mailchimp 与客户建立融洽关系和让客户欣然接受产品套件的关键，无论他们的业务知识或技术专长如何。“如果我们给一位不太了解营销自动化的客户写信，我们不会减少专业内容，但我们也不会使用行话。”迪克里斯蒂纳说，“然而，如果我们知道对方是一名专家，那么我们依然会保持随和而坦率的风格，但我们使用的词汇会发生变化，这有助于我们与对方拉近距离，又不会让对方觉得我们太过随意。”

上述区别很微妙，但也很具体。在对待刚接触市场营销的新手和对待资深市场营销者或代理机构等专家时，要使用不同的语气。

对待新手：“在你的市场营销中添加一抹个人风格，使它更像是一对一的交谈。”

对待专家：“借助 Mailchimp 的个性化工具，可以让你的宣传活动感觉像一对一的交谈。”

通过表达关注和转换语气，Mailchimp 表现得就像体贴入微的谈话者一样，既善于讲述，又善于倾听。

Mailchimp，用“声音战术”守住信任

Mailchimp 公开的一份广受赞誉的风格指南[5]，详细介绍了它如何跨渠道保持持续一致的声音。正是这种持续一致性创造了熟悉感，并帮助客户保持舒适感，哪怕他们遇到了新产品、收到了有关其账户的坏消息，或是读到了危机沟通的信息。为了确保客户始终能够放心地依靠公司的新产品和平台，Mailchimp 制定了指导纲要，以帮助文案写手、设计师和其他人员代表公司品牌进行持续一致的交流。

Mailchimp 并非一直都对自己的品牌做出如此严格的要求。也许处于早期阶段的公司都不该这样做。新公司特有的混乱局面和充满创造力的多样性会将其带到一个临界点，这时，如果没有标准化操作惯例的凝聚力和效率，公司将无法保持运营的可持续性或经济稳健性。幸运的是，那片充满创造力的“原始泥浆”还提供了真实世界的 AB

测试[①]、各种案例和确定最佳操作惯例的试验机会。风格指南恰似一只从灰烬中升起的凤凰，它是一项对混乱中产生的品牌连续性和凝聚力的投资。

“2010 年，当我刚开始工作时，我负责编辑我们的网站、指南和客户服务信息。然后我意识到我们没有任何东西可以作为一种基准。”凯特回忆道，“于是我开始进行网站内容审查，以了解我们是如何跨越不同渠道进行沟通的。”

以那次审查为起点，凯特开始对编辑风格进行分类和标准化处理，继而又转向声音和语气，在公司新生的内容创作团队中制定指导纲要。“我们负责制定所有写作标准，覆盖了客户支持和每一个产品团队。”

为了应对这么多接触点带来的挑战，她与公司领导层和利益相关者合作，确保公司与生俱来的声音和价值观能够得到传达。但是公司的发展对负责体现持续一致性的文案写手以及努力保持高水平服务的更广泛的团队构成了挑战。

“我们希望我们的所有客户都觉得我们仍然理解他们的需求。因此，在我们壮大之后，我们确保传达出这样的信息：‘我们支持小企业，我们曾经也是小企业。现在我们成长了，而且并没有依靠外部资金，所以我们也可以帮助你成长。’”

---

① 即两个版本（A 和 B）的对比测试。——译者注

这一信息通过富有策略的摄影、排版和措辞变得无比生动。尽管客户们可能再也无法轻松联系到 Mailchimp 的 CEO，但是有关友好、平易近人的声音和语气的指导纲要，有助于文案写手们向客户传达同样水准的支持。随着 Mailchimp 的发展日渐成熟，它已经抛弃了早年那些比较异想天开的策略，但是它的声音仍然风趣又显得乐于助人。

现在再来看一下其他试验渠道，如弗雷迪公司（Freddie and Co.）。Mailchimp 推出这家在线商店是为了更好地了解新成立的小企业首次涉足在线业务时的体验。它还附带一个博客，用以揭示小企业面临的挑战，并用简单的文字描述技术和法律上的细微差别，彻底甩开了术语、行话和官僚作风的包袱（见图 1-1）。Mailchimp 作为一位朋友参与其中，始终为客户提供帮助并表达同情。

为了营造一种友好、随和的声音，Mailchimp 指导文案写手使用主动语态，大量采用缩略语，并用第一人称复数来描述公司。企业是由人组成的，所以他们信奉一种人性化的、对话性的风格。

“今天，我们很高兴与你分享一项新服务。”这句话展示了主人翁精神和参与性，它听上去可能有点冒险，但实际上打破了品牌与客户之间的任何隔阂或伪装。为了将友好原则付诸实践，该指南还敦促大家进行“积极型写作”，呼吁使用告诫式而非指导式措辞。风格指南指出，要写“购买甜甜圈请排队”，而不是“不排队就买不到甜甜圈”。积极型写作不仅能让客户拥有积极的心态，而且有助于推动他们采取行动。**积极型文案往往比训斥型文案更有效果。这就是营销与现代育儿方式的共同点：交流的目的是支持、激励受众，以及向受众赋能授权。**

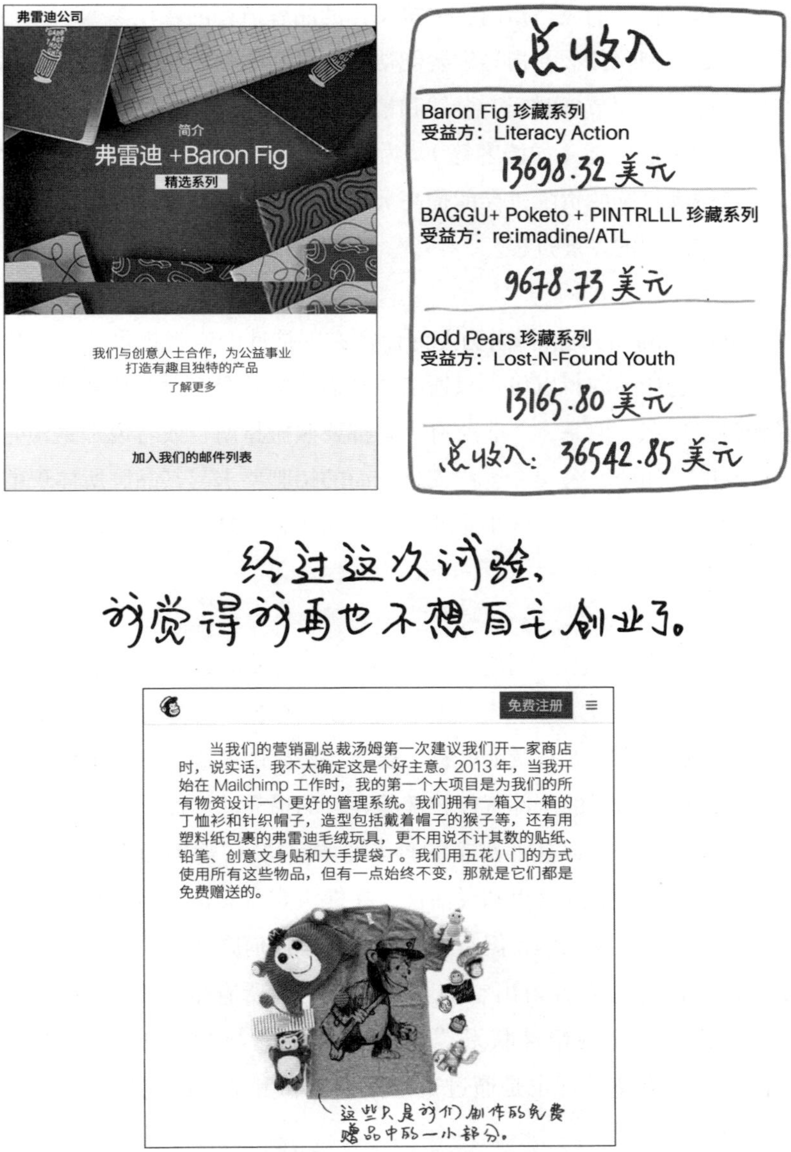

图 1-1　弗雷迪公司的合作声明和内幕独家新闻，由商店经理在她的博客上分享

创建你自己的风格指南，去定义你的品牌声音的各项参数。你会采纳什么，剔除什么？指导纲要能帮助文案写手顺利开局、更轻松地实现目标，从而节省时间、金钱和精力。它还可以帮助更多人通过其他类型的企业传播（如博客等），为维护品牌利益做出贡献。高效而令人获得满足感的贡献机会能提高员工的忠诚度和使命感，也能让更多人参与品牌的发展过程。

Mailchimp 的风格指南为友好而富有支持性的声音提供了一本战术手册。它让品牌得以像一只通晓各种语境的社交变色龙那样演化发展和改变形态。但是，并非所有声音都要照搬指南，或者说都是预先设计好的。如今，公司在客户支持方面的招聘要求与其品牌所体现的品质相同，它会聘用了解小企业和电子商务，并且能够在交流中展示同情心和热情的人。

凯特指出："他们要接受很好的训练。最关键之处在于他们可以自由地与客户建立联系，与客户友好相处。"客户支持助理必须依据通用指导原则来向客户赋能授权，要保持友好的态度，并避免使用可能在无意中将错误的全部责任转嫁给客户的措辞。然而，他们可以积极参与对话，而不必按照规定的脚本照本宣科。"他们拥有与我们的客户进行真实对话的自由和灵活性。在提供客户支持方面，我们在谈话要点上做了大量工作，但是我们没有编写任何脚本。我们努力为自然的、人性化的声音留出空间。如果我们为所有事情都编写脚本，就会失去与客户的精神联系。"凯特继续说。与 Mailchimp 的客户一样，客户支持助理也是通过支持性指导和大量自助范例获得赋能授权的。

即使猴子弗雷迪已经不那么引人注目了，但随着品牌发展的日渐成熟，客户们依然能找到与该品牌在视觉上的紧密联系。在产品发生变化、新服务被推出之际，视觉语言依然让人感到熟悉、易懂，这一点至关重要。“我们的确有所成长，”迪克里斯蒂纳承认，“在视觉、行为、内容上都是如此。弗雷迪过去非常爱说话。在现在的应用程序中，我们仍在一些地方表现得十分随意，但我们已经不那么傻乎乎了。品牌中仍有幽默的成分，但以更机灵的形式呈现，类似于猴子有时会眨一下眼睛。此外，用来表达内容的语气和视觉设计也一同发生了演变。”

10 多年来，Mailchimp 的调色板上仍然是黄色加上橙色和棕色，然而大部分的黄色背景已经退缩为一片白色区域，上面有着欢快的黄色标注和温馨的、类似拼贴画的视觉语言。由排版、调色板、插图风格和空白区域构成的“视觉声音”，反映出这是一个将多种服务结合在一起的品牌，并提升了具有凝聚力的代表性声音。各个单独的元素就像在一个大家庭里一样相互关联，但在表现形式上并不显得庞大而单调。Mailchimp 用更具代表性、更富有人情味的照片取代了以猴子为中心的插图，表明公司更关注客户本身，而不仅仅是提供给客户的服务和工具。

“考虑到我们已经打造好的品牌基准，我们已经建立起了客户和品牌声音。在这种背景之下，简化语言，转而采用摄影作品的做法有助于建立信任。”迪克里斯蒂纳说，“不仅如此，帮助 Mailchimp 与客户成功交流的一个因素是，我们努力让自己的视角得到体现。我们不仅仅拍摄照片，还有特定的拍摄方式，总是拍摄客户们在自然环境中的样子，拍摄他们对着镜头微笑的模样。这种视角有助于营造一种视觉上的持续一致性，创造独特的体验，让人们始终知道能从我们这里期待得到什么。”

在新服务方面，客户可能并不总是知道 Mailchimp 具体将提供什么，但视觉和语言风格以及话语语气能确保他们始终知道 Mailchimp 将以何种方式提供服务。

香蕉共和国，找到为你狂热的客户

Mailchimp 在 10 多年的演变过程中，一直都在视觉上和语言上带领客户一同前行。他们的策略与美国主流零售商香蕉共和国的早期策略不无相似之处。20 世纪 80 年代早期，香蕉共和国的产品目录是灵感、故事和服装的结合，它走的是一条特立独行的道路，或者至少是渴望冒险的美国人所能理解的道路。在被盖璞（Gap）公司收购并顺利转型为庄重的经典商务休闲产品供应商之前，香蕉共和国以游记形式展示游猎和军需服装，从而与拥有同样癖好的、忠实的利基受众建立了融洽的关系。香蕉共和国大胆地展示自己的特质和与众不同之处，通过创造独一无二的声音，吸引了志同道合的受众，这些人渴望旅行，对世界充满好奇。该公司的产品目录页面上满是文学参考资料和客座作家，他们向以西方人为主的受众展示世界各地的瑰宝，而编辑人员和设计师则利用这些故事建立了一个最时髦的小众群体。他们的行话是只有圈内人才能理解的笑话。早期的香蕉共和国品牌不遗余力地培养了一批忠实的追随者。

盖璞公司的收购和投资使得这种融洽关系得以蓬勃发展，直到企业同化和成本削减方面的要求变得太高而偃旗息鼓。到了 20 世纪 80 年代末，早期客户们所熟知的那个香蕉共和国已经消失了，围绕着它的文化也发生了演变。它越来越意识到早期文化中的侵占元素和殖民主义元素阻碍了其对新受众的吸纳，并急于让自己的视角变得多样化。它的品牌语言发生了变化，产品和销售变得更趋于主流化，商店设计也从以大象和飞机为主的元素转变为更容易为广泛多样的受众群所接受的东西。下面就让我们看看该品牌早期的情况，看看他们是如何跨越自己的各种渠道建立起持续一致、恒久不变的声音的，以及他们是如何找到对其理念如此狂热的受众的。如今，他们的所有经验可以帮助你的组织找到独一无二的声音。

“梅尔和帕特里西娅会出去探险，然后归来，为那些被困在办公室里无法脱身去野营的人实现幻想。”1985—1987 年担任香蕉共和国产品目录编辑的戴安娜·兰多（Diana Landau）解释道。

“梅尔和帕特里西娅”是香蕉共和国的创始人——梅尔·齐格勒（Mel Ziegler）和帕特里西娅·齐格勒（Patricia Ziegler）夫妇，他们为香蕉共和国创造了关于激情和好奇心的品牌愿景、在采购和零售领域无与伦比的视角，以及令人愉悦的独一无二的声音。品牌的产品目录是一本厚厚的日记，让人联想到可以插在裤子后兜里的 Moleskine 笔记本[①]。这里面包括来自澳大利亚内陆和意大利咖啡馆的边栏报道，以及像诗人劳伦斯·费林盖蒂（Lawrence Ferlinghetti）、航空界传奇人物姬蒂·班纳（Kitty Banner）和肯尼迪总统的新闻秘书皮埃尔·塞

① 一种在西方拥有传奇声望的笔记本，曾经为包括凡·高、海明威在内的诸多文化名人使用。——译者注

林杰（Pierre Salinger）这样的人物发表的产品评论。每一页上的每一件产品都讲述了一个生动的故事，并附有精心制作的详情插图。这些插图要表达的重点不是服装本身，而是双手叉腰的姿态所赋予服装主人的那种自信。

内容和视觉要“通力合作”

无论你是打算先制作一本产品目录，还是打算通过广告牌、原型样机和贸易展台建立一家创业公司，持续一致的品牌声音都不会自动生成。它是品牌愿景、设计、战略和宗旨的共同产物。香蕉共和国萌发自其创始人的愿景，他们共同制定了该品牌最初的外观、氛围以及语言风格。他们聘请能人组建了一个团队，该团队能够理解他们的愿景并将其扩展到新的渠道，利用外部资源耕耘品牌内容，并推出风格指南，以便让其他内容贡献者能够继续这一过程。开放的交流和共同的目标让这一愿景得以跨部门和专业发挥作用。

在许多组织中，各部门领域在传统上各自为政，就像一座座竖井，阻碍了协作过程。销售代表可能不会与设计团队分享消费者反馈。设计师和文案写手分别坐在办公楼的两端，很少共处一室。如果是这样的话，你的消费者就无法体验到具有凝聚力的品牌服务。由消息结构（message architecture）[6]驱动的内容策略解决了这一难题，因为它能帮助设计师、产品负责人、文案写手以及用户体验专家本着相同的交流目标共同努力。消息结构是一种反映品牌通用词汇表的交流目标层次体系。你可以通过它来确保自家品牌的视觉及语言声音的开发人员保持密切合作，以应对竖井式交流的挑战。要摒弃让设计和内容创作人员分散在办公楼不同地点工作的做法。如果要为宣传活动、产品或公司打造新的基础，那么让他们在一起工作，效果会更好。通过在同一个空间里酝酿创意并且为团队记录下这些创意，他们可以就品牌的特质形成持续一致的视角，而其他内容贡献者和客户也都能更清楚地理解品牌愿景。

“我们有一个统一的愿景，那就是从一开始文字和图片就必须相互匹配。”香蕉共和国创意部前高级副总裁邦妮·达汉（Bonnie Dahan）说，“我表达出了创始人的创意愿景，将设计和内容结合得很好。梅尔来自编辑界，在文案方面有着强大的理念；帕特里西娅则是插图画家和设计师。”外界对产品的评论会影响内部文案的基调。“我们会给小说家或《纽约客》的作家寄去一件背心或一顶帽子。他们会试穿、试戴，然后寄给我们一篇产品评论，为我们定下基调。这样的评论文笔优美、品位高雅，是写给愿意真正花时间去读的读者的。它言简意赅，构思巧妙。”

达汉所描述的产品文案风格如今已经被视为奢侈品。如今，消费者评论的内容通常会背离公司的风格，而没有起到推广它的作用。香蕉共和国非常理解和尊重它的消费者，采取了一种卓尔不群的方式：他们精心挑选了一个群体，然后从中收获消费者评论，这一群体有助于推进编辑语气和整体企业声音的发展。

“在那个年代，人们会等待产品目录寄到家里，然后坐下来一边喝咖啡一边阅读。”达汉沉思着说，“当你与消费者达成一致标准后，你就有义务提供良好的阅读体验。”通过产品目录这一交流手段培养持续一致的品牌声音，有助于提高消费者对实体店的需求。几年之内，香蕉共和国就发展成为全国性的连锁店。“那种充满抱负和冒险精神的神秘感渗透到商店标识和商品吊牌中，涵盖了消费者体验过程的每一个接触点。”达汉说。

永远选择只有你能做的事

香蕉共和国对其消费者的尊重被转化为对详细文案的投入，以及对探险家和文学巨匠的外展服务。它还允许其客户自己填充一些细节，以巩固信任基础，而内容上的参与则可以带来更丰富、更难忘的体验。这一信念决定了该品牌为产品选择插图而不是摄影的表现方式。

帕特里西娅先前是《旧金山纪事报》(*San Francisco Chronicle*)的插图画家，深知插图在故事叙述中的价值。“回想一下你小时候读过的书中的插图。插图中有些东西比摄影更能唤起你的幻想。”达汉解释说，“它也让你能够想象自己身处其中。插图可以让你发挥想象力，而我们整个品牌都致力于吸引消费者的想象力！让我们认清现实吧：**人们喜欢为故事买单**。”

该品牌的故事性元素决定了插图对于服装的展示方式。插图中没有展示人的面孔或身体，但衣服看上去像是由人物来表现的——自信果敢的站姿，适中的豪迈步态，叉在腰上的双手。

“我们想以某种态度来展示我们的服装。”兰多解释道，“舒展的手臂传达了一种自信感和运动感，表现出我们要去探索未知世界，而这些就是我们打算穿的衣服！但是我们也不希望消费者盯着模特看。我们希望消费者去想象自己穿着那些衣服的模样。”

香蕉共和国为那些可能永远也不会去游猎或光顾军需品商店的人提供了想象自身装扮成这种角色的机会，从而成功售出了一种价格合理的理想。通过定义这种抱负，该品牌让其消费者进行自我定义并享受这一过程。

你的组织可以通过做只有你们才能做到的事情，来找到工作焦点并确定资源的优先级别。香蕉共和国通过优先投入唯有他们才能接入的渠道、创意工作和消费者接触点而找到了工作焦点。他们的消费者喜欢动物形状的包装、藏在订单上的辞藻华丽的有趣旁白，以及通过电话提供的旅行服饰提示。一旦你的品牌找到了自己的声音，你就要不断投入，帮助它茁壮成长并变得更加与众不同。这一努力有助于你的受众理解你与竞争对手的不同之处，以及他们为什么要对你保持忠诚。

香蕉共和国通过在视觉和语言上的选择，包括连贯的视觉语言，来持续一致地进行自我定义，从而帮助其消费者将其风格与主流划清界限。视觉语言就具有这样的作用。

“我试图保持柔软、做旧的品质，以传递舒适感。我意识到这种复古型商品与呆板的百货商店商品是完全对立的。”凯文·萨尔基（Kevin Sarkki）在 2011 年接受“被遗弃的共和国”（Abandoned Republic）的采访时解释说。这是一家粉丝网站，专门为香蕉共和国的复古商品编纂目录。[7] 萨尔基是帕特里西娅雇用的第一位全职插画师，负责再现她所设定的风格。20 世纪 80 年代，当百货商店美学和批量生产的购物中心文化日益成为常态时，香蕉共和国逆流而行。它的商店里有真实大小的大象复制品徜徉在棕榈树林中，天花板上则悬挂着蚊帐。

这些元素使香蕉共和国的店铺有别于其他零售店，同时也为品牌内部的持续一致性提供了一种背景（例子见图 1-2）。在香蕉共和国的发展过程中，这种连贯性有助于开发新的渠道和接触点，如电话支持、标牌和吊牌等，它们对于消费者而言始终是熟悉而恰如其分的。

“我们希望制造出一种让人觉得是被人类的双手触摸过的体验。”达汉说道。这种沉浸式的人文体验——“永远作为旅行者，而不仅仅是游客”，与冒险和幻想一起成为该品牌的核心。

图 1-2 香蕉共和国实体店陈设案例

一辆吉普车如同撞穿香蕉共和国店铺的橱窗般冲了出来。

“我们在自己所做的每一件事情上都力求真实，但也不遗余力地追求奇思妙想和游戏性。”达汉说。虽说奇思妙想和真实感看似背道而驰，但是香蕉共和国找到了同时追求这两个目标的办法，那就是将制作精良、军需品级别的产品及指南，与其所有接触者、关联人士都怀有的冒险激情紧密结合起来。

接着达汉开始列举各种实例：“我们自问，如何才能让消费者感到高兴，甚至让他们在打包购买东西时都会感到讶异呢？于是我们创造了犀牛和丛林飞机形状的包装袋！如何才能帮助人们购买合适的鞋子？于是我们提供了地形测试器，让消费者能够体验在欧洲的鹅卵石路上或是在沙滩上行走的感觉！”如今，许多户外用品零售商都将地形模拟器引入店内体验中。但是在香蕉共和国之前，从来没有人这样做过。是香蕉共和国对细节和真实感的关注使这一切变得富有意义。

假设有消费者正在为自己的下一次探险做准备，但这位消费者不确定应该带棉布衫还是带羊毛衫。1985 年，香蕉共和国推出了“气候服务台”（Climate Desk）服务。[8] 这是一个免费电话号码，消费者在为旅行做准备时可以拨打这个免费电话，了解更多有关某个地区的信息。《背包客》杂志（*Backpacker*）在 1986 年 9 月的一期中解释说：“‘气候服务台’提供更新到分钟的全球信息，包括每日天气和季节性天气、当前政治形势以及当地的健康预防措施，这样你就可以在到达那里之前知道你会遇到什么情况。”[9] 在任何人只需连接上网并点击几下就可以随时获得这些信息的时代到来之前，香蕉共和国就已经开始进行助力消费者实现梦想的工作了。

产品目录已经确立了品牌个性，实体店则让这种声音得以在沉浸式零售体验的“总体设计”中变得立体化，后者是当今具有凝聚力的多渠道体验的试验场。“在实体店里，你可能会看到一架飞机挂在天花板上，或是看到一头大象穿墙而入。特定的建筑让我们得以发挥创造力。”达汉解释道，“一切配置的宗旨都是为了让消费者在走进来的那一刻惊讶不已，并将他们带到那个世界中去。”在视觉效果之外，还有音效补充。商店里会播放鸟鸣声和河马发出的呼噜声。

虽然客户可以通过产品目录了解该品牌，但是店内体验是特别的，旨在反映不同的环境，让消费者在走动的过程中享受娱乐。“我们并不只是将产品目录中的文案逐字逐句地转移到吊牌上，而是确保消费者看到的所有东西都参考了相同的品牌愿景。”达汉说。实体店里的文案更简短，排版字体更粗更黑，并且用吸引眼球的方式进行展示。“消费者在收银机旁看到的产品信息文案可能是用竹框装裱的。对于所有细节，我们都必须考虑：这是香蕉共和国特有的吗？但对任何品牌而言，都应如此自问。一个小失误就可能破坏品牌形象，使其跌入拙劣模仿的陷阱中。”

拙劣的模仿可能是最令人痛苦的惩罚，而自我矛盾的表现则可能降低信任度。排他性语言也会降低信任度，不管品牌是不是无心的。**一个品牌固然可以通过语气澄清谁是它的受众，但也可以宣示谁不是。更具包容性的语言有利于培养信任感，并与更广泛的受众建立融洽的关系。**香蕉共和国对外传播的目标是提升服装本身及其架构的特质，而不是对服装的来源或是发现这种服装的过程进行放大宣传。几年后，其竞争对手 J. 彼得曼（J. Peterman）因浮夸而漫不经心的文案受到了更多的讥讽和嘲笑。公司的草编主人帽[10]的文案采用了一种看似实事求是的语气：“我们中的一些人在种植园里工作，一些人则拥有种植园。

事实就是事实。这顶帽子是给那些拥有种植园的人戴的。”就连在推出这款帽子的那个年代，这种以如此随意、轻率的态度影射奴隶制的营销文案也让人们备感震惊。

如今，香蕉共和国的复古产品仍然在激励着一个狂热的粉丝群体，他们抢购旧的产品目录、印刷品以及在 eBay 上出售的风衣。这些追随者之所以珍视这个品牌，部分原因是该品牌始终珍视他们，在配图、宣传文案和精心设计的丰富体验细节中为他们提供了想象空间。

香蕉共和国前编辑总监南希・弗里德曼（Nancy Friedman）就忠诚度以及该品牌与 J. 彼得曼的差异，提出了细致入微的观点。“J. 彼得曼公司完全聚焦于 J. 彼得曼本人的性格。这是一种极其显著的第一人称单数的形象。”她回忆道，“这个品牌比较曲高和寡。他们没有实体店，围绕着这个人多了一点儿神秘感。他是谁？而我们则更加平易近人，而且我们是多元化的。”

香蕉共和国的文案采用第一人称复数形式，并专注于产品本身，文体风格也更亲和：“我们重新开发出这种一流的面料”，它“很结实，足以抵御蚊子和热带植被的侵扰”。相比之下，J. 彼得曼的产品目录则采用了第一人称单数形式，并着重于打造人物的神秘性。两个品牌都讲述故事并谈论冒险，但前者将读者视为志同道合的渴望增长智慧、打造实用型衣柜的旅伴。

这种尊重与早期销售想为消费者打造的“真实世界”体验相呼应。“我们在湾区当地有很忠诚的追随者。”弗里德曼解释说，“齐格勒夫妇居住在米尔谷（Mill Valley），在那里开出了第一家实体店，人脉关系产生了涟漪效应。相形之下，J. 彼得曼更居高临下、更优雅，它提供的是丝绒吸烟服，有着截然不同的抱负。我们的风格则更为坚毅。”

“我们非常清楚自己是旅行者，而不是游客……我们既不想盛气凌人，也不想自我贬低；我们只想尊重他人。”弗里德曼继续说，“《孤独星球》(*Lonely Planet*) 指南系列就是我们的‘圣经’。我们不去谈论如何每天只花 5 美元过日子，也不去说什么：‘哦，它们好特别、好有异国情调。’因为我们讨厌所谓的异国情调。我们一直说的是：‘这就是我们的世界，让我们拥抱它吧。我们聪明机智，渴望体验各种事物。’”

香蕉共和国的早期历史平衡了对世界的尊重、对其充满幻想的消费者的尊重，以及对品牌和使其焕发活力的团队的尊重。与 Mailchimp 一样，香蕉共和国让一个友善、开朗的品牌茁壮成长，不是通过精心编写每一条短语和强行规定一个狭隘的视觉体系，而是通过明确地表达清晰的愿景、细致入微地为消息结构服务。这两个品牌的态度都很宽松，以便为自身的发展留出空间；它们不是铁板一块、一成不变，而是充满凝聚力，因此也更加人性化。

品牌的声音可能比较棘手、难以把握，尤其是当你的组织正随着时间而演变时。在演变过程中，跨越时间的持续一致性能够帮助你的受众和你的组织。随着你逐渐开始提供其他服务或扩展新的渠道，你对熟悉的主题、编辑和插图风格以及排版的关注，将确保你的受众知道你没有忘记自己是谁，也没有忘记他们是谁。正如 Mailchimp 所展示的，清晰的指导纲要可以定义运营环境和规则，让内容贡献者们能够在第一时间知道应该如何进行交流，并且把事情做好。香蕉共和国提供了进一步的证据，**一个品牌若想茁壮发展，可以设定一个清晰的**

愿景定义自己是什么、不是什么，而这个愿景自然会吸引那些陶醉于其中的人（见图 1-3）。

找到你的受众，找到你的新员工，并且帮助他们找到你。借助持续一致且独一无二的声音，你将逐渐培养起他们的信心并赢得他们的信任。

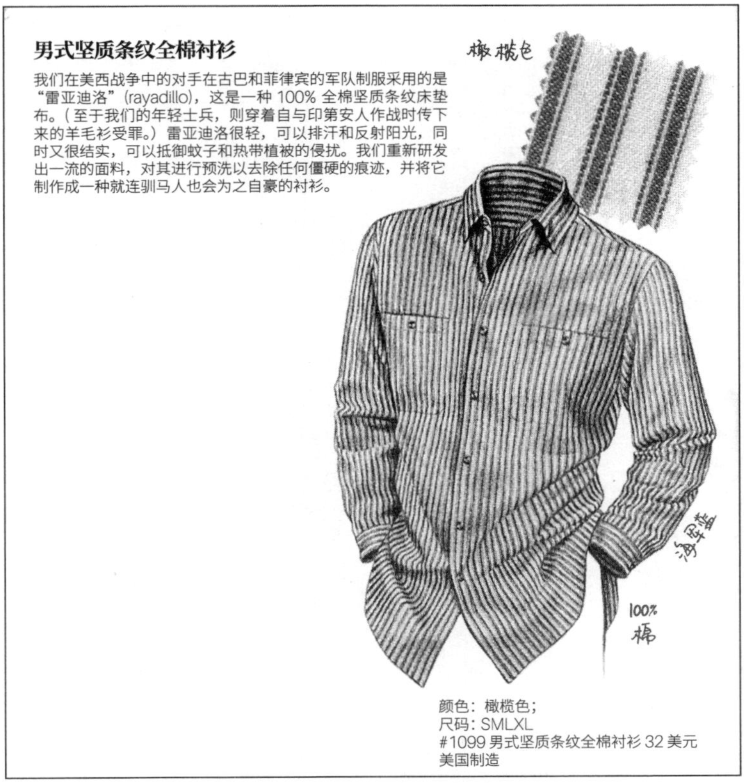

图 1-3　香蕉共和国产品的清晰愿景

香蕉共和国 1987 年秋季产品目录中的“男式坚质条纹全棉衬衫”。

Trustworthy

第2章

秉持透明的原则，展示自信

持续地明确自己的界限，

让受众知道他们可以期待什么。

品牌成长是一场挑战，考验品牌的策略和沟通方式。若能怀抱谦逊和透明的态度，你的受众就会知道自己可以期待什么，也会意识到你的哪些方面仍在积极完善之中。这种努力可以采取多种形式。培养一个理念直至成熟，需要资金、才华和勤奋工作。同时，品牌也需要传递正确的信息，即品牌领袖能够清晰而有力地表达出来的愿景，无论是为了激励潜在投资者还是吸引潜在员工。

你的品牌声音必须能够传达你的成功策略和受众的参与机会。过于自信可能会让你错失那些能带来宝贵经验的潜在贡献者。傲慢是不可取的。如果你过分夸大某产品或服务的价值，就可能失去尚未覆盖到的潜在受众。而这一影响可能是永久性的，哪怕你后来增加了功能、提高了性能。当你意识到自己失去了受众时，会感到非常沮丧。

“新管理层来了！”或者“你以为你了解我们？再试试看！”这样的口号，实际上是品牌在向受众请求重新评价的机会。

品牌在沟通中保持透明，有助于与受众建立良好的关系，但这同时也伴随着风险和细节上的考量。保持谦逊可以减轻这些风险。谦逊而自信的沟通方式，可以帮助你以权威的身份讨论组织的深度知识、研究成果或专业技能，而不必假装自己拥有本不具备的广博的专业知识。只有谦逊的人才会说："我们已经决定优先开发这些功能。如果您需要其他功能，我们建议您考虑我们的竞争对手。"简而言之，这就是许多成功的单一产品公司所传达的信息，它们选择专注于市场的特定细分领域。

当你因擅于专注一件事并能做到极致而收获良好声誉时，这种结合了透明和谦逊态度的权威性将带来巨大的回报。

若你追求功能性强、穿着舒适的鞋子，同时喜欢活泼的风格，不妨看看卡骆驰（Crocs），但别指望在那里能找到适合正装的鞋款。若你需要一款出色的磨碎器，Microplane 是你的不二之选，它生产的锉刀能轻松处理硬奶酪、脚上的厚茧和粗糙的木材，但别指望它能一次性满足你木工车间、浴室柜或厨房的所有需求。想要购买耳机？考虑一下高斯（Koss），这家总部位于密尔沃基（Milwaukee）的公司研发了首款高保真立体声耳机。尽管它曾尝试拓展其他领域，却遭遇亏损，于是回归耳机研发，最终推出了首款能够传递所有 10 个八度音阶到人耳的耳机。后来，它又研发出首款无线传输耳机。如今，在中等价位的耳机制造商中，高斯被广泛认为是佼佼者，它继续专注于这一领域，广告中强调它的产品是便捷的不二之选（见图 2-1）。

通过坦诚地承认自己的长处和短板，那些采取谦逊沟通方式的品牌为自己划定了界限。它们明确界定了自己的知识范畴、产品所覆盖的功能，以及它们仍在发展的服务。在企业和股东追求持续增长的资本主义社会中，为什么划定界限如此重要？原因如下：**通过明确且持**

续一致地划定界限——展示我们的优势和局限，就能让受众知道自己可以期待什么，以及我们可以在哪些领域提供高质量且稳定的服务。

图 2-1　1972 年高斯的广告

高斯的广告以热情、简洁和及时著称。图中笑脸右侧突出显示广告主体"高斯立体声耳机"，同时引人好奇"你是否曾好奇他为何微笑"。这则广告突出了产品的便捷性：如果你想要享受音乐，选择它绝对没错。

除了优势，也展示"力不能及"

"男性没有一套词汇来描述他们想要的玩具类型。"英国成人情趣玩具和服饰零售商 Lovehoney 的前电子商务主管马修·柯里（Matthew Curry）表示。Lovehoney 致力于根据客户的要求、使用客户的语言来吸引客户。这个行业通常用模糊的描述、大胆的摄影和粗俗有趣的双关语来掩盖产品特性，而 Lovehoney 却为行业带来了清晰度和透明度。

Lovehoney 乐于使用自带的在线聊天功能，利用它来清楚地讲述自己有擅长的领域，如情趣用品设计、材料、功能、定价、用户反馈，并坦白承认自己有不了解的领域，而所有这些努力都是为了教育潜在客户。

聊天机器人的功能界限十分清晰，一旦用户触及这些界限，系统便会提示他们访问产品页面或联系人工客服。但在那之前，对话的语气和恰当的用词就能够引导用户，并向用户赋能授权，全程无须使用任何委婉表达。

Lovehoney 通过使用关于产品类型和材质的正确术语，为客户提供了一份词汇表，增强了他们准确表达需求的自信。女性在寻找情趣用品时，会根据外观特征和品牌来搜索，然而，柯里指出："对于男性情趣用品，却没有通用的术语。"他继续说，"因此，Lovehoney 开始考虑提供一种导购体验。或许，如果我们向访客提出一些问题，我们就能确定他们真正想要的产品类型。"

由此产生的问答式对话与许多成功的线下零售商的常规做法相似。咨询式销售，即员工或客户经理通过提问来了解客户的需求，并帮助他们了解自身的选择，这种方式既有引导意义，又能向客户赋能授权。

例如，当有人想要购买厨房用具时，他们会寻找满足自己需求的产品种类以及最令人满意的功能。"您需要一个新的炉灶吗？您在选择燃气灶、电灶还是电磁炉时感到犹豫，不过您喜欢表面光滑的炉灶和能够精确控制温度的功能，对吗？""我们再来看看电磁炉吧。您是想要一款性价比高、适合日常使用的电磁炉，还是更看重外观设计？”“如果您经常需要煮大锅的汤，大炉头的炉灶会非常方便。但如果您居住的地方气候温暖，家庭成员也不多，那么大炉头就有些过于夸张了，不是吗？”

选购家电确实可能令人感到有点压力，部分原因在于市场上有众多品牌、功能和零售商。消费者在缩小选择范围时积累的知识有助于增强他们的购买信心。然而，零售商和销售人员的态度也会影响购买体验。如果他们过于强硬和自信，可能会迅速将消费者的信心转化为反感情绪。但如果销售人员为消费者留出空间，让消费者能够按照自己的节奏来了解产品，又会如何呢？如果他们定期评估消费者是否还需要帮助，比如通过观察肢体语言或直接询问的方式，又会有什么效果呢？

这实际上是一种以谦逊取代傲慢的方式。作为赋权的回报，品牌将赢得客户的信任。

Lovehoney，让消费者感觉自己很聪明

在情趣用品行业，咨询式销售并不常见，但 Lovehoney 正在改变这一现状。2017 年，Lovehoney 推出了首个购物“向导”。这个向导通过一系列循序渐进的问题，引导消费者深入了解公司丰富的产品，并在一种谨慎、非评判性的聊天机器人框架内进行展示。它既实用又不会显得专横。聊天机器人帮助消费者了解他们的选择、缩小范围，让消费者基于充分的了解做出更明智的决定，同时不断提问，确保自己提供的服务仍然有价值，而不是变得令人讨厌。

向导推动产生了许多体验，比如帮助消费者更好地选择家庭音响系统、迎婴派对登记服务，甚至是政治候选人。消费者可以缩小选择范围、了解流程，从外部广阔的世界中筛选出个性化的、最优化的建议——“为您打造最佳汽车！”“满足您所有愿望，排除您所有不想要的选项，为您打造迎婴派对登记服务！”

Lovehoney 通过将行业术语替换为更具咨询效果的对话式语言，努力帮助消费者做出更明智的选择，让他们对那些通常需要偷偷摸摸搜索才能找到的信息感到自在和自信。聊天机器人让消费者参与对话，帮助他们在购买情趣用品时感到聪明和自信。

“我们正在测试它，以了解消费者期望的语气和信息详细程度，”柯里解释说，“我们希望保持口语化，与消费者服务的语气保持一致。”在公测版中，这种语气既放肆又快乐，充满了青春气息，这掩盖了 Lovehoney 丰富的产品知识和使其区别于竞争对手的分析能力。但跨越社交媒体渠道、网站和电话支持的持续一致的声音，可能是建立信任的更可靠因素。句首字母大写、现代文体和对话式措辞有助于消费者表达他们的需求，并获得友好的产品推荐。

这种平易近人的语气并非一开始就存在。起初，Lovehoney 的聊天机器人 Wankbot 听起来过于正式。它所使用的语言既与该品牌格格不入，又令消费者反感。

“第一版的语言过于医学化、过于洁癖，所以我们改变了方向。”柯里指出，第二版发布后，Wankbot 的语气变得既务实又轻松友好，它在有序的搜索中提供了支持性信息。“您打算为这个情趣产品花费多少预算？”Wankbot 会这样询问，“一般来说，价格越高的产品，使用时的触感越好，因为它们通常使用更优质的肤感材料。”对于预算有限的消费者，它会这样回答：“太棒了！这些是市面上性价比最高的产品，而且价格都不到 20 英镑。”这种体验通过使用口语化的肯定（“太棒了”）和简短但有引导意义的评论，让消费者感到安心，使他们离开时觉得自己既聪明又有了自信，因为他们得到了最优的个性化推荐。

Wankbot 听起来既聪明又有洞察力，同时充满支持性，它避免显得过于傲慢。它展现了消费者在搜索产品时所使用的语言，但并没有过度追求人性化的效果。Lovehoney 在公开聊天机器人的局限性时，表现出了谦逊和透明的态度。它没有夸大聊天机器人的产品知识，而是告诉消费者如何退出对话。在 Wankbot 聊天结束时，Lovehoney 会承认该工具仍处于测试阶段：“这是我们首次尝试基于聊天的自动帮助服务。您觉得怎么样？”消费者可以反馈，选择“有用”“有趣但没有帮助”“令人气恼且毫无意义”或“没劲”等意见。Lovehoney 以开放、友好的品牌和消费者体验为荣。其公开进行原型开发的透明策略，体现了这种价值观。

Lovehoney 针对为自己购物的男性消费者推出了 Wankbot，并从他们的反馈中吸取经验教训，随后推出了一款针对为女性购物的男性消费者的聊天机器人 Vibebot。Vibebot 采用“选择您自己的冒险历程”的树形分支结构，通过提问帮助消费者根据自己对产品功能的了解程度、预算和伴侣的偏好来获得产品建议。Vibebot 不会使用告诫的语气，但它会在启动时用语言阐明自己的目的，并表示自己正在努力中：

> 嗨，欢迎体验 Vibebot 测试版 ☺。Vibebot 旨在协助男士为他们的女性伴侣——女友、妻子挑选情趣用品……希望 Vibebot 对您有所帮助。使用结束后，别忘了分享您的反馈，谢谢！

Vibebot 特意用笑脸表情和“测试版”这样的词来缓解消费者的顾虑。这些设计旨在淡化界面的严肃性和目的性。聊天界面采用了简洁的背景，将聊天窗口置于屏幕中央，而非边栏或弹出窗口。不同于其他网站上那些布满合作品牌广告或老式文本聊天窗口的聊天功能，Lovehoney 的聊天机器人在页面周围留有更多空白，让消费者在输入文字时更加自在。

将聊天机器人与推荐引擎仍处于测试阶段的提示结合起来，Lovehoney 传达出一种信息：尽管界面充满活力，消费者也不应期待它是完美的。通过以第一人称谈论公司，并特别提到 Vibebot，Lovehoney 与消费者保持了一定距离，让他们可以仅针对聊天体验进行反馈，而不会直接影响他们对零售商的看法。

FBI，暴露弱点以培养信心

组织通过明确专业知识的界限来维护权威性。Lovehoney 不会承认自己不了解的事物，也不会承认聊天机器人尚未支持的功能。它利用自己提供的信息引导消费者，确保消费者知道可以持续一致地期待何种程度的细节和质量。诚实和透明的态度也适用于内部沟通。如果工程团队未能妥善管理预期，也没有如实通报开发中的功能或内容的真实状况，那么营销部门就无法让消费者了解即将推出的产品功能或内容。为了赢得信任，品牌必须引导受众，通过每次互动告诉他们应该期待什么，并切实满足这些期待。这样，受众就能恢复对自己知识认知的信心，以及选择与这些组织互动的信心。

在与 Lovehoney 截然不同的领域里，FBI 采用了一种非常相似的方法来培养受众值得信赖的参与感。FBI 也提供了一个平台，邀请美国民众参与并管理他们的期望。尽管面临的挑战相似，但内容有所不同，这并不意外。FBI 收集了大量信息和数据，并且需要使这些信息易于获取，以帮助其受众做出更好的决策并对自己的决策充满信心。

与那些更注重设计的文化一样，FBI 也在努力提高其产品的可用性、实用性和吸引力。2015 年，面对犯罪统计数据发布缓慢、不完整且处于信息孤岛状态的问题，时任 FBI 局长詹姆斯・科米（James Comey）提出了要求："我们需要在执法领域提高透明度，落实问责制，开展更有效、信息来源更可靠的对话。"[1] 因此，信息设计和内容战略团队根据这一指示开始行动，从犯罪统计数据库中提取数据。

FBI 不仅明确了自己的知识边界，还主动关注并解释自身数据的不足之处，强调这些数据为何依然有价值、值得使用，并鼓励大家继续为这些数据添砖加瓦、信任它们。这场围绕犯罪数据的讨论同样适用于所有从事社区管理、产品评论或整合制造商和用户生成内容的人士。

"多年来，FBI 一直在从联邦、州、地方、大学和部落层面的执法机构收集数据。"妮可・芬顿解释道。她曾是美国总务管理局 18 楼内容设计部门的负责人，也是关于清晰表达的写作指南《好文案会说话》的合著者。[2]“我们创建了应用程序编程接口（API）和数据可视化网站，供记者、犯罪学家、执法人员和普通民众根据犯罪类型、机构和地点进行查询和探索。”芬顿说道，“因此，我们努力用任何成年人都能理解的语言来解释它。”

有鉴于此，犯罪数据资源管理器以平和的色调和直白的任务陈述，如“提升犯罪数据的可访问性”，来迎接用户的访问。标题保持官方风格，却不失亲和力，还采用首字母大写格式。简洁明了的动词描述了三个主要选项及其细节层次，这些选项最初是为那些希望利用到数据和研究趋势的用户设计的，如“查看趋势”“下载批量数据”和“访问犯罪数据 API”。页面下方，用户会发现“将我们的数据用于您的项目”的邀请，其中包含了更多关于开放数据来源和限制的信息，以及对每个数据集的简短说明。清晰而明确的语气与深红色、白色和石蓝色的调色板相得益彰，后者是红、白、蓝三色的更柔和、成熟的版本，常见于美国政府网站。

“我们尝试采用对话式的写作风格，看看人们是否能理解我们希望他们知道的内容。”芬顿继续说道。与那些将语气转变为非正式对话的风格，并从中获益的消费品牌一样，FBI 也创造了一种声音，使其信息更易于被获取和使用。一名 FBI 统计人员为了更精确地表达，采用了新的措辞，将“人”改为“人们”，将“种族渊源”改为口语化的“种族出身”，而缩写“LEAs”则改为全称“执法机构”（law enforcement agencies）。这样，他们就避免使用那些可能会拖慢受众阅读速度的术语，或是让内容显得命令式而无实际帮助的行话。

这些风格选择并非没有争议。警务和犯罪统计的语言可能模糊了种族侧写，助长了错误假设，并使系统性不公变得永久化。行话本身带有负面含义，但在很多情况下，它能引导受众、扩展他们的术语词汇、增强他们辨别事实的能力。熟悉的首字母缩写词，比如代表“Federal Bureau of Investigation”的 FBI，可以传达官方身份的认可，而技术术语则可以帮助品牌与受众建立良好关系，尤其是当潜在客户希望获得产品知识时。犯罪数据资源管理器不仅关注对受众的教育，还涵盖了受众的信息使用方法，并向他们赋能授权。行话在某些人面前筑起了一道墙，因此，为了让更广泛的用户参与到 FBI 的研究中，FBI 放弃了与少数群体的亲密互动，转而使用所有人共通的语言，力求沟通便利。他们在网站上的任何章节首次使用缩写词时，都会拼写出全称。他们不再随意使用“SRS”和“NIBRS”这样的缩写，而是在许多章节标注它们的全称——Summary Reporting System（汇总报告系统）和 National Incident-Based Reporting System（国家突发事件报告系统）。FBI 提升了主题的重要性，但没有采用在犯罪报告中通常会出现的生硬和傲慢的语气。

这些数据赋予了学术研究清晰的内涵，以及随之而来的客观和严谨的意味。尽管这些特质能带来信任，但它们也可能使数据库显得比实际内容更加深奥难懂。此时，灵活、及时的内容设计和自信的图形语言能够平衡整体基调。内容设计需要分析用户的信息需求和习惯，以确定和部署最合适的内容类型，无论是图表、插图、信息图形、醒目引文还是文案组块。图形语言指传达品牌本质的所有视觉元素的组合，包括排版、色彩、密度、摄影风格等。可以看看宜家是如何举重若轻地传达其庞大的属性的：放大的、简单的字体和纯蓝色、纯黄色的平面区域出现在大型商店里，无数块显示屏、内容同样密集的目录以及附带的印刷品上，立马传达出了宜家的巨大规模。在优衣库，图形语言更深入地植根于现代日本设计中。细节很少，但仅存的细节则经过了精心打造。这些都体现在无衬线的窄体字、清新的标识、网站上的充足留白以及服装本身简洁、低调的色调上。这些元素结合起来，传达出质朴、极简和优化的特质。

FBI 犯罪数据资源管理器在数据设计和辅助性信息传达方面提供了丰富的内容，但同时也限制了信息的深度。其图形语言的界面表明，它的数据量大，旨在让用户广泛使用，却仅适用于特定领域。其目标是吸引用户，避免因信息不足而令他们失望、失去他们的信任。粗体文本标题下的多级下拉菜单给用户一种掌控感，表明数据使用的便捷性。在同样大的标题下面，有脚注解释数据的局限性和缺陷。大量的文案组块清晰地显示，可能会有许多例外或注意事项。

“FBI 犯罪数据资源管理器的问题在于它缺乏全面性。”芬顿提醒道。数据的自我报告性质导致了一些空白点，但这些空白点并不影响数据的价值。FBI 不会为了追求完美而舍弃有价值的数据。

“是否与 FBI 共享数据，各个机构可以自行决定。因此，我们的工作是在相关背景下提供尽可能明确的指导。我们拥有的是最全面的犯罪数据，希望增强这些数据的可见性和可访问性，鼓励更多执法人员和机构分享他们的数据。”芬顿说，“‘足够好’不是我们要传达的信息。FBI 希望各个机构能深刻理解利用这些数据的重要性，并认识到为完善这些数据做出贡献的价值。”

在宣传价值和传达数据库局限性之间寻求平衡，关于这方面，

FBI 和 Lovehoney 面临着类似的挑战。就像聊天机器人的语气可能导致消费者对某一产品范围产生误解一样，FBI 提供的图表中信息的呈现方式可能会夸大数据的准确性，或导致用户误读其含义。FBI 采用视觉和文字相结合的方式解决这一问题，确保用户觉得信息有价值，而不会认为数据有误导性。

“起初，我们图表上的数据存在‘泡沫’，这使得数据看起来比实际更精确。”芬顿解释说，“但数据本身有很多漏洞。仅因为某一年份的事件数量较少，并不代表犯罪率真的较低，而是仅仅意味着报告中的事件数量较少。”

不一致的报告方式也会引起误解。例如，访问者可能会看到奥兰多 2016 年的犯罪率飙升，从而怀疑是不是因为毒品交易或枪支销售增加了。但他们忽略了重要的一点：那一年发生了夜总会枪击事件，被计入了当年的凶杀案总数中。同样，访问者可能会注意到 2018 年内华达州犯罪率飙升，但脚注揭示了真相：犯罪率并没有真正上升；FBI 发现该司法管辖区克拉克县存在过度报告的问题，并从数据库中移除了当年的数据（见图 2-2）。

犯罪数据资源管理器通过动态集成的脚注，将背景信息呈现给用户，帮助他们避免做出不切实际的错误解读。访问者可能会急于做出不可靠的、潜在的假设。如果有人没有查看脚注中的背景信息，就根据数据做出错误的推断，他们可能会进一步误解。

如果基于错误假设的推论被纳入其他研究，错误就可能被重复并放大。一旦发现错误，或者同行揭露了错误，由此产生的尴尬可能会让一些人对整个系统产生怀疑。FBI 投入精力制作了背景介绍详尽的指导文案，这不仅让访问者自我感觉更聪明、更有自信，也有助于 FBI 维护自身的声誉、价值观和诚信度。

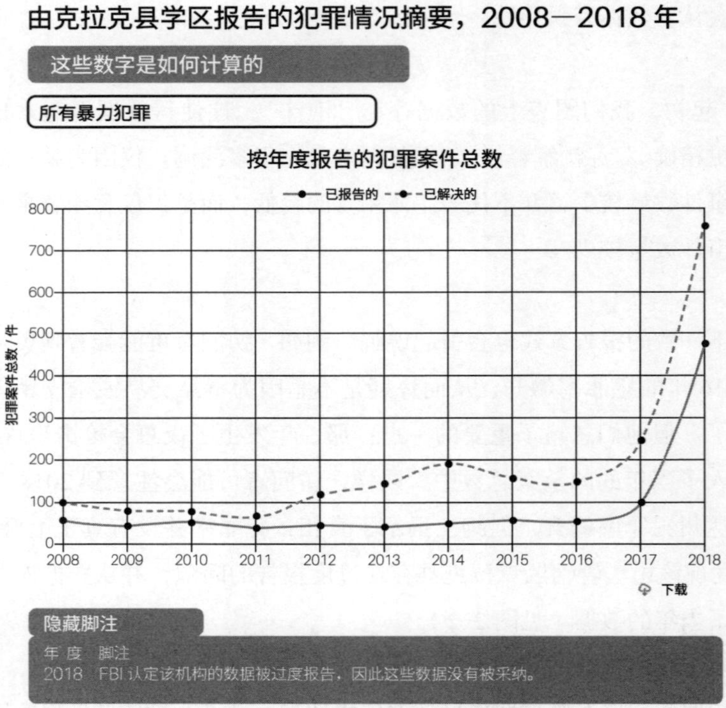

图 2-2 克拉克县的犯罪报告

内华达州克拉克县的犯罪报告在脚注中加入了背景介绍。在确认信息被过度报告后，FBI 选择删除了冗余信息。

通过采用通俗易懂的语言、不使用术语，并加入有益的设计元素，犯罪数据在保持严肃性和准确性的同时，也变得更有关联性。人们可以更便捷地使用这些数据，更好地理解数据背景，从而做出解释并据此行动。提供大量数据的访问途径有助于建立信任。FBI 通过这种方式，让访问者自行筛选原始数据，得出自己的结论。在一些文化和国家中，犯罪数据被政府隐藏、粉饰和人为处理，直到适合受众使用的程度。FBI 尊重并信任其受众，相信他们会明智地使用这些数据，这反过来又增强了受众对 FBI 的信任。

Lovehoney、FBI 以及其他众多不同领域的机构都通过大胆的冒险之举，创造了成功并维持住了成功：它们舍弃秘密来换取信任。这些组织选择向受众透露信息，并在必要时提醒他们，而不是试图隐藏自己的弱点或局限性。界限有助于受众设定对产品或服务的期望。更重要的是，当组织明确自己的界限或局限性时，也设定了受众对于诚实、坦率体验的期望。你可以在弱点引起批评或让受众感到意外之前，通过明确指出这些弱点来提升受众的期望。这种做法对品牌和受众都大有裨益，它揭示了一个基本事实：**在与受众建立真实、持久、有利可图的关系方面，引导教育是赋能的关键。培养受众自信心的组织自会赢得受众的信任。**这体现在受众参与现场活动所投入的时间、对社群的贡献以及不断增强的对品牌的信任上。

Trustworthy

第 3 章

使用简单的语言，赋能用户

只有去除僵化的语言，

清除那些泥巴，

我们才能获得具体而清晰的交流。

你的组织可以通过传达清晰的信息来赢得信任："这就是我们所做的，我们做得很好。" FBI 和 Lovehoney 也证明了，在无法做到的事情上保持坦率和谦逊是值得的。然而，有一点更重要，它们赢得尊重的原因是没有使用不必要的复杂语言来掩盖这种交流。质朴的谦逊能建立信任。

梭罗建议我们"简化，再简化"。[1] 在 NIH 和 NHS，文案写手和设计师致力于实现他们的理念。他们简化信息，同时确保提供的数据具有可操作性。通过使用简洁的语言和清晰的信息设计呈现技术指南和复杂概念，他们使抽象元素变得具体。那些可能引起情绪紧张的话题变得易于处理。用户可以根据需要筛选内容、获取知识，用知识增强自信，进行日常自我护理，并关注更多尖端医学。此外，用户还获得力量去挑战更高的风险：面对疾病时，他们满怀自信，充满希望。

简化，再简化

希望、信心和信任是崇高的追求。我们为什么要给它们设置障碍呢？在某种程度上，我们之所以避免直接交流，是因为我们厌恶风险。长句和法律术语确实能给人带来安全感，特别是在以这种风格为标准的行业。就像几个世纪的泥土堆积能够保护古老的双耳细颈瓶一样，复杂的被动语态和名词化句式在某种程度上也会令人感到安心、熟悉和舒适。然而，只有去除僵化的语言，清除那些泥巴，我们才能获得具体而清晰的交流。

NHS 采用主动语态而非被动语态，旨在实现清晰、简洁和赋能式的交流。如果不使用主动语态，你就无法激励受众采取行动。主动语态能够明确责任：它通过将行为主体或执行者置于句首来表明谁对谁做了什么。相比之下，被动语态隐藏了这种责任，并且常常需要使用更多词语和正式语气。它帮助作者（通常是行为主体）规避风险，因为它隐藏了应该采取行动的人。思考一下两者之间的差异[①]：

被动语态： 您的预约因故被重新安排。具体流程将被您的医生解释。任何问题都应在那时被提出。

主动语态： 若因故需要重新安排您的预约，诊所协调员会及时通知您。您的医生会向您说明具体的流程。如有任何疑问，请在那时提出。

在某些话题上，我们确实需要采用正式的语气。不过，与其使用僵硬的被动语态来表达一个概念，不如考虑调整措辞或选择更合适的词语。使用正式的、技术性的或传统的术语，同样可以传达问题的严重性。

① 有关被动、主动语态等例句的中文翻译，为了凸显语态上的区别，采用了直译。——编者注

被动语态：在出现严重过敏反应的情况下，必须立即接受医生咨询。

主动语态：如果您出现严重的过敏反应，请立即就医。

名词化是提升写作正式性的另一种方法。名词化指的是将动词或形容词转变成名词，用以描述某个过程或概念的做法。根据这个定义，“名词化”（nominalization）这个词本身也是名词化的产物，它用一个静态的名词取代了动作，同时增加了语言的复杂度和正式性。NHS 对这类名词化现象进行了简化，以恢复更加朴实的语言风格。

名词化：测试结果表明感染性疾病的存在。

动词驱动短语：测试结果显示您感染了疾病。

名词化：导管插入术是必需的。

动词驱动短语：医生需要为您进行导管插入。

我们也需要在视觉交流方面更关注其清晰度和实用性。网络上的免费图库图片可能显得过于老套，因为它们通常为大家所熟悉，过于四平八稳而缺乏创新。使用通用图像来阐述观点的做法，不仅不会挑战既有的边界，也不会提出需要法律团队审核的新颖观点。当我们试图涵盖所有基础领域时，视觉交流同样显得平平无奇：因为我们没有将信息图表转化为可操作的信息，而是简单地呈现数据，没有进行抽象化提炼或做出判断。在这两种情况下，我们都需要付出努力以实现精准定位：我们这么做的目的是让用户无须付出这样的努力。**正如雕塑一样，只有当不能再削减任何东西时，视觉信息才达到了完整性。我们当然可以不断添加细节以求清晰，但正如爱因斯坦所说，最复杂的主题也值得用尽可能简单，但又无法更简单的方式去交流。**[2] **要让**

受众对用清晰、简洁的图片展示的理念产生信心，而不是被费尽心机的矫饰弄得不知所措。

被误解的信息与被削弱的信任

“政府总是需要不断建立信任。”芬顿指出，“人们并不会天生就信任政府，也不一定总是理解政府是由人构成的。”在担任美国总务管理局内容设计负责人期间，芬顿直面这种思维方式所带来的挑战，以及受到人为因素和流程因素影响的交流缺陷。除了 FBI 的犯罪数据资源管理器外，芬顿的工作还包括更聚焦内部的任务，比如重新设计“普通语言行动与信息网络”（PLAIN）的网站。PLAIN 是一个由 FBI 雇员组成的组织，倡导在政府交流中使用直接、简单的语言。他们坚信，清晰的交流不仅能更好地服务公众，同时也能为政府节省时间、为纳税人节省资金。

芬顿整合了用户研究、内容测试、内容设计和内容战略，致力于开发新方法，通过发布的内容和有关指导的内部流程，更好地服务公众。

“我们的核心关注点是确保人们能够获得清晰的信息，以便做出决策。”她解释说。例如，临床试验网站（ClinicalTrials.gov）是一个全球临床研究的登记平台。尽管美国国家医学图书馆（NLM）和 NIH 为临床研究和参与者提供了这一便利资源，但信息本身来自每项研究的赞助者或负责人。这些信息尚未经过政府审查，也未获得美国食品药品监督管理局（FDA）的批准。

“临床试验网站是一个临床试验和研究的数据库，旨在帮助人们寻找潜在的创新性疾病治疗方法。”芬顿继续说道。该网站服务于科学家、医生和患者，这些不同的受众有着不同的期望、专业水平、科学见解和健康素养。这些因素的结合，使交流变得极为敏感和至关重要。

“美国国家医学图书馆面临的一个挑战是医学术语的专业性。医学或法律领域的专业人士可能希望使用准确、专业的词汇，但这些词汇对于普通公众来说难以理解。”芬顿解释说，“网站上的语言在某种意义上是准确的，但无法被读者理解，因为这种语言对他们而言没有任何意义。人们看不懂自己正在阅读的内容。”

在政府监管力度减弱的情况下，人们获取的信息可能带来意料之外的风险。2015 年 6 月，有三名患者分别查询了关于年龄相关性黄斑变性（AMD）的实验性治疗方法。AMD 是美国 75 岁以上人群视力下降的主要原因，目前尚无治愈方法，但可以通过激光或药物治疗来延缓病情发展。临床试验网站上的一项研究给患者带来了希望，这项研究采用干细胞注射的方式，将从患者自身脂肪中培养的干细胞注射到他们的眼睛中。[3] 这项研究在 2015 年被网站收录，然而，两年后公布的试验结果却令人大失所望。

“为期一年的试验结果显示，眼睛注射了干细胞的患者视力丧失的情况，远比没有注射的一年内的情况要严重得多。”《新英格兰医学杂志》（*New England Journal of Medicine*）上的一篇文章指出，“尽管研究机构在适当的监管监督下正在研究许多用于治疗医学疾病的干细胞疗法，但许多干细胞诊所在治疗患者时几乎不受任何监管，也没有证据证明治疗的有效性。”[4]那三名患者通过临床试验网站上的研究信息寻求治疗，结果注射干细胞之后，不仅没有恢复他们的视力，反而导致了大出血和视网膜脱落。

“至少有一名患者认为手术是在有临床试验成功的背景下进行的。然而，三名患者签署的同意书均未提及临床试验。患者为之支付费用的手术从未在临床试验中进行过研究，缺乏足够的安全性数据。而且患者是在同一天同时接受双眼手术。试验性双侧玻璃体内注射的案例，既不典型也不安全。”该文章总结道。

这些患者为何会遭遇如此不幸和意外的结果？他们对药品的安全性抱有不恰当的信心和一厢情愿的信念，正是因为信息是通过政府网站提供的。他们往往不清楚手术相关的风险，也不会和熟悉的医生讨论这些，即使网站上建议这么做。“人们一看到域名是政府的，就以为网站是官方的，以为会有人负责检查和批准上面的内容。”芬顿说。但内容的质量实际上取决于背后的人员和流程。讽刺的是，政府网站的内容常常缺乏管理，特别是在部门资金不足、缺少专门的文案写手、设计师和编辑的情况下。要解决这一问题，清晰的信息传递、警示、免责声明和开放对话有助于缩小一些差距，前提是受众能够理解。如果访问者看不懂，就说明你的沟通失败了。临床试验网站就因为使用晦涩的免责声明和冗长的文本，最终让受众失望了。

“好的内容呈现就像一场对话，你需要和你的服务对象对话。”芬顿解释说，“但是，尽管网站上有很长的免责声明，人们并不会去读，因为它写得不够通俗易懂。”做出实际行为的患者并非基于对充分的信息和知识的信任，而是出于自信，绕过了通过自我教育来赋能的过程。

“假设你患有糖尿病或创伤后应激障碍（PTSD）。如果你和研究人员或医学顾问讨论试验方案，他们会告诉你：‘我希望你知道，在我即将展示给你的试验中，有些方面并未经过政府审查。’这时，你可能想和你的医生讨论一下涉及的风险和益处。想象一下，如果你和他们面对面交流，他们不会给你读 12 段法律术语。他们可能会说：‘嗨，开始之前，你应该了解这些。’”芬顿在这里描述的是书面警告和口头警告之间的区别，但同时也指出了正式的、全面且详尽的免责声明与能够解决患者最紧迫问题的咨询性对话之间的区别，后者会在后续过程中逐步提供更多详细信息。

聊天机器人虽然可以根据治疗选项做出即时警告，但对于这类文本，它们还缺乏相应的框架、针对性和适合这种语境的差别化处理。临床试验网站采取了一种更基础的方法，适用于任何需要在技术性和警告性信息之间取得平衡的组织，其目的是帮助用户理解、思考并采取行动：用户可以进行对话，打破文本的僵局。

再来看一下老式的长段落风格。它在视觉上显得单调，几乎没有排版层次来辅助读者快速浏览。这种快速浏览的方式能让读者迅速找到对他们而言不仅重要，而且是在当下特别重要的信息，也就是那些与他们紧密相关的信息。长段落无法帮助访问者自助，他们没有得到赋能授权。芬顿说：“便于管理的小型信息组块最容易被理解消化。”分块的内容还为每个概念分配了独立的空间和时间，适用于不同的语境。

芬顿继续说道：“法律团队并不总是信任渐进式信息披露法，但是，当人们需要时，提供给人们信息才是更实际的做法。”这样一来，每个概念都能让人们有时间去关注到，尤其是在与其密切相关且最有意义的语境中。

芬顿又补充说："如果有人甚至还没有找到一项试验，你就不应该用 20 条针对某个具体试验的注意事项对他们进行'轰炸'。你不应该用铺天盖地的文本去打击他们。"

对于那些尚未对这一领域建立信心，并对参与临床试验感到不安的人来说，采用互动对话的方式更为合适。这种对话会使用俗语、不完整的句子和口语化表达，以营造亲切感和舒适感，临床试验网站也是如此。"我们在沟通时，会使用人们习惯的词语，而不是将准确性置于清晰性之上。"这种将信息传递的清晰性置于准确性之上的转变，有助于让更多人更容易理解该网站及其免责声明。

"我们以前常说：'在参与这项研究前，先和您的医学顾问谈谈。'但'医学顾问'这个词听起来很生硬。"芬顿继续说，"广告里总是说：'在服药之前，先和您的医生谈谈。'"但这种说法可能会遗漏一些人，比如那些接受执业护士护理的患者。

"'医学顾问'代表了一个更广泛的支持者群体，但使用这个说法可能会导致访问者不理解其含义，从而增加访问者的认知负担。"芬顿提到，当网站访问者读到这里时，可能已经感到焦虑不安，或者直接忽略这部分内容了。尽管"医疗顾问"这个称呼很准确，但如果人们不去阅读或没有理解它，那它就失去了意义。现在，临床试验网站采用了一种更友好的说法："和您的医疗保健提供者聊聊。"通过使用一个更易于理解的术语，来涵盖更广泛的从业者群体。

NHS，让知识更具包容性

接下来，我们将看到英国 NHS 在数字服务标准中，为减少无关信息、避免专业术语和正确处理可能引起情绪焦虑的话题所做的努力。NHS 网站每月有超过 4 000 万次的页面浏览量，访问者在这里学到更多关于疾病治疗、医疗建议和日常自我护理的知识。该服务标准设定了很高的门槛，旨在满足英国多样化人口的需求，包括“生理、心理健康状况不同，有不同社会、文化或学习需求的人群”。[5] 通过主动满足人们的需求，可以增强访问者的信心。NHS 网站致力于引导访问者关注个人健康，并提高他们的数字素养，以培养他们进行自我保健的自信和能力。然而，刚开始时，遇到挑战的不仅仅是那些有学习障碍或语言能力有限的人。

自己的疾病或亲人最近的诊断所带来的压力，无疑增加了人们阅读和研究有关信息的难度。包容性强、易于获取的内容，以及清晰的、指导性强的设计，能使信息对所有人来说都更有用、更易于获取。教育能够赋予人们力量，带来舒适感和信任。

“健康素养差的人往往健康状况也不佳。”NHS 网站的内容设计师萨拉·威尔科克斯（Sara Wilcox）在接受英国广播公司（BBC）采访时这样解释。[6] 从更广泛的角度来看，这句话的反面也可能成立：投资健康教育可以减轻人们健康素养不足所带来的影响，这也是对公共卫生的投资。健康素养指的是一个人理解和使用信息来做出关于自己健康的决策的能力。它不仅为社会带来可量化的社会和经济效益，还能带来更长远的好处，比如增强个人信心和保持对政府健康机构的信任。那么，投资健康素养具体要怎样做呢？

对健康素养的投资，是在编辑文案、翻译术语和修改图表的辛苦工作中孕育而生的。这些工作的目标是剔除那些使重要结论晦涩难懂的细节。交流内容的初稿常常迫使读者在情感上最难以承受时，不得不费力地挖掘有价值的信息。这正是编辑、文案写手和信息设计师能够发挥作用的地方。要思考如何通过精简词汇来使概念更清晰，从而减轻用户的认知负担。你的任务就像雕刻家一样：不断剔除多余的部分，直至本质形态显现出来。

“医疗保健之旅可能非常复杂。”NHS 的服务手册中提到[7]，“我们要努力让事情变得更简单。”这种说法似乎与现代内容营销的趋势相悖，后者建议更频繁地发布内容并提供更多的策划内容。在众多网站都提供从其他来源聚合的信息的背景下，策划和创作看起来几乎成了一回事。通常，提供最多图片或博客文章的网站会在搜索结果中获得最高的排名。策划者提升信息的价值，并非依靠收集信息，而是通过筛选信息：对质量的承诺和独到的视角，是权威资源区别于内容工厂的关键所在。

在文本内容的工作中，这就相当于将冗长、密集的文字精练到只保留最关键和最相关的内容，以免让读者感到困惑，然后为那些想要深入了解的人提供脚注或弹出注释、定义。这种方法同样适用于视觉信息的处理。无论你是一位计划出版抗议活动照片集的记者，还是一名希望通过分享图片帮助患者了解皮肤病变何时需要就医的 NHS 工作人员，图像都并非越多越好。此外，图像并不总是最佳的信息传递方式。不恰当的图像或过多的图像可能会让访问者感到迷惑、不知所措或分心，因为他们的主要目的并非观赏图像，而是要应用从中获得的知识。

“科技让人们变得马虎。”摄影记者金英喜（Yunghi Kim）在《大众摄影》（*Popular Photography*）中分享道[8]，“出版物上会展示 60 幅图片，但编辑本身就是一种艺术。”编辑是对用户体验的精心管理，这项工作需要时间，也需要策划人对主题有深刻的理解。通过提供冷静且权威的视角，并巧妙地告诉访问者哪些内容与他们的需求最为紧密相关，NHS 帮助访问者找到焦点、进行学习，并带着知识储备和自信继续前行。

英国的访问者普遍认为 NHS 网站是一个权威且可靠的信息来源。该网站致力于提升其包容性和易懂性，努力在医学术语和访问者日常交流的语言之间找到平衡。虽然医学术语能增加专业性，但如果过于复杂，可能会影响访问者对网站内容的理解。NHS 服务体系章程中明确指出“患者始终是 NHS 工作的核心”，并承诺提供“让每个人都能获得的全面服务”。[9] 70 多年前，NHS 基于这一原则建立起来，至今，这一原则仍体现在该网站文本的语气、内容的设计和交流的策略中。

NHS 使用一套视觉语言来增强网站的辨识度，帮助访问者迅速认出这是 NHS 网站。访问者对 NHS 本身的信任也延伸到了对其网站的信任。在网站设计中，设计师采用了简洁的配色方案，帮助访问者理解导航方式和不同类型内容的紧急程度。“我们用浅色表示警告，用深色表示紧急护理信息。”设计系统样式指南中这样解释（见图 3-1）。

网站排版也强调了内容的亲和度和清晰性。NHS 网站选用了 Frutiger 字体，并使用了超过 20 年。同样使用该字体的还有纽约肯尼迪国际机场、阿姆斯特丹史基浦机场、旧金山湾区快速交通系统和华沙城市交通管理局。在人们需要在压力下处理复杂情况时，熟悉的排版和清晰的字体显得尤为重要。阿德里安·弗鲁提格（Adrian Frutiger）设计的 Frutiger 字体与 Gill Sans 字体比例相仿，后者在英国政府网站 GOV.UK 中被广泛应用，即便人们在匆忙中或远距离见到时，也能感受到极佳的可读性。

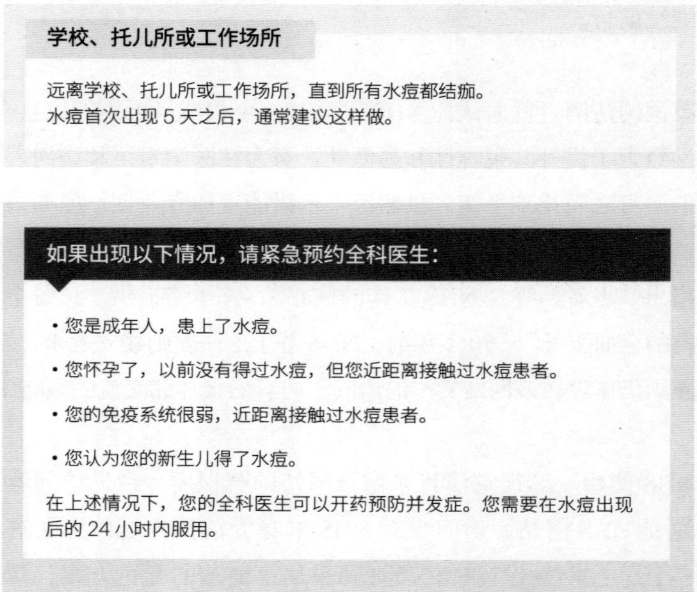

图 3-1　NHS 网站排版案例

NHS 设计了一套持续一致的视觉语言：浅色代表温和的提示，深色则意味着患者需要立即行动。

NHS 坚持患者至上，注重患者的舒适感和熟悉度，将复杂的医学术语转化为通俗易懂的日常用语，并采用更亲切的语气。尽管如此，网站并未在准确性上妥协。临床医生会审核所有信息，确保其准确性和安全性，但这并不意味着必须使用复杂的科学术语。"'小便'和'大便'！没错，这些就是我们使用的词语。"威尔科克斯说道。

NHS 网站的团队深入研究并测试英国民众在讨论自身健康时所使用的词汇，并以此作为标准来积极满足人们的需求。"我们尽量采用人们在谈论自己的健康和搜索信息时所用的语言，避免使用专业术语。"人们不太会说"药物相互作用"，而是用"不要和……一起吃"来表达；不会说"慢性"，而会说"长期"这样的字眼。医生用"慢性"来表示病程长，但许多非专业人士会误以为这意味着病情严重。NHS 根据其核心价值观，始终将患者放在首位。

"我们始终以用户的需求为出发点。"威尔科克斯在 NHS 博客上解释道。NHS 网站的数字服务指南中则有更详细的说明[10]：我们大多数时候使用"大便"而不是"粪便"。所有人都能理解"大便"，包括那些有阅读障碍的人。

在一些场合，全科医生会用到"粪便"或"排便"这样的术语。NHS 的团队也会使用这些词，但会加以解释，比如：

- "大便样本，也就是粪便样本。"
- "排便失禁以不同方式影响人们。如果你突然感到不可控制地想要大便，那可能就有问题了。"

尽管这些常用的术语清晰易懂，但它们并非没有争议。有人批评说，使用"小便"和"大便"代替"尿液"和"粪便"的做法过于简化问题，显得居高临下。不过，大多数用户认为这种表达直截了当，语气恰到好处。“总的来说，我们每收到一条负面反馈，就会收到十多条正面反馈。”威尔科克斯表示。一个专业的组织会用受众熟悉的词语，目的是吸引他们参与对话，提高他们的健康意识和自信。NHS网站采取了一种标准方法，用人们耳熟能详的短语来引介更专业的术语，比如“大便样本（粪便样本）”。“这有助于人们学习保健术语。”威尔科克斯解释道。

使用主动语态也能为读者赋能。“我们采用主动语态，比如‘找到一家药店’而不是‘一家药店可以被找到’。”NHS 网站的数字服务指南中有这样的说明。这种方式使内容本身和读者都能专注于自主行动和自我支持，这是现代医疗保健的核心目标，也就是以伙伴关系为导向，鼓励患者与医疗服务提供者合作，共同维护健康。NHS 的文案更进一步，倾向于使用积极、亲切的语气，既不过火也不生硬。网站的内容风格指南细化了写作要点，与访问者建立了良好的关系并增强了访问者的自信：

- 称呼访问者为“您”。
- 在缓解访问者顾虑时使用这样的表述：“抗抑郁药舍曲林可能有副作用，但许多人并未受到影响或只是轻微受影响。”
- 在向访问者赋能时，建议这样表达“就……情况与您的医生讨论”，而不是“您的医生会告诉您关于……的情况”。
- 避免使用“应该”，以免显得高高在上。

采用短句和短段落，语气要直白、简洁、有力。NHS 网站通过内容风格指南，强调简洁、温馨的写作风格，以书面形式赋能访问者。

清晰而具体，就是对用户的赋能

NHS 的例子证明，赋能患者对提升国民健康和国民对系统的满意度至关重要。赋能授权能提高任何系统、行业或组织的用户满意度。如果你能让你的受众对其知情权更有信心，他们也会对你更有信心。

2017 年，阿普丽尔·斯塔尔（April Starr）[11] 的丈夫卢卡斯·丹尼尔（Lucas Daniel）被诊断出神经内分泌癌。六周后，他就去世了。作为设计师，他们习惯于进入陌生领域，理解复杂的信息系统。尽管背景如此，他们却依旧经历了充满困惑、难以理解和绝望的沟通过程。他们与充满误导性的专业术语、含糊不清的化验结果以及不同专家的矛盾报告苦苦抗争。他们不知道如何解读所接收的信息，因此无法确定行动计划的优先级，直到一切都为时已晚。

“最终，我意识到我把问题想错了，”斯塔尔解释说，“我那时只想治愈他的癌症，而我应该专注于让他以一种合适的方式离世。我真希望当时能有更多的信息，这样我们就能更早做出改变。”

然而，定义问题本不应是患者或其家人的责任。直到丹尼尔去世的前一天，当保守治疗团队向她宣布消息时，斯塔尔才意识到他即将离世。“丹尼尔和我那时候面临许多医疗决策，却没有获得做出明智选择所需的全部信息，”她说，“我们与心脏病专家、肾脏病专家、肿瘤科医生打交道，他们提供了相互矛盾的信息。心脏病专家会说：‘一切看起来都很好。’肾脏病专家则会说：‘我们给他做透析吧。’保守治疗团队又说他死于癌症。这让我感到困惑：为什么要做透析呢？”

“当我们不得不在化疗和手术之间做出选择时，我们并不清楚癌症是如何在体内扩散的。肿瘤科医生从未向我们透露有关情况。”斯塔尔停顿了一下，接着回忆道，“我通过达纳·法伯（Dana Farber）癌症研究院的服务获得了一份二次诊断报告，当时我正坐在餐桌旁。报告上写着：‘很遗憾，癌症已经扩散到颅骨。’”这一真相令斯塔尔和丈夫震惊不已，部分原因是上面写的内容与他们对病情的模糊认知不符。

“没有人告诉我们癌症的发展速度。我感觉自己失去了所有力量。我开始去了解那些我不知道的事情。”她说道。斯塔尔和丹尼尔之所以对这些一无所知，是因为医生随意使用专业术语，治疗团队内部缺乏协调和没有给出明确的优先顺序，还因为这对夫妇对他们所做的决定可能带来的后果缺乏认识。他们需要自行掌握最新术语。

“我们需要有人帮助我们把个人数据放在一个有意义的语境下，”斯塔尔解释说，“比如你的癌症分期是什么、癌症分期的定义是什么。丹尼尔患的癌症通常被视作第四期，但在其他类型的癌症中，第四期几乎等同于死刑。”

患者对癌症分期的误解，正如 NHS 所发现的那样，临床医生使用“慢性”和“急性”来描述病程，而普通人常认为这些词代表病情的严重性。“我们也难以获得有用的答案，因为一些测试结果呈阳性、一些是阴性，却没有医生向我们解释所有测试结果的总体意义。我们想要的不是单纯的测试结果，而是要了解这些结果将如何影响我们的决策。”斯塔尔回忆道。她和丹尼尔想知道的是，那些特定的血液和化验指标对整体病情有何影响，医生对此了解多少。

丹尼尔去世后，斯塔尔制作了一份“癌症工作表”。这是一套简洁明了的图表，旨在简化诊断和治疗过程中的医患沟通，帮助双方把握全局，并记录这些信息。这个图表并不适用于电脑屏幕或应用程式。患者或家属可以打印出来，然后与医生坐在一起填写。这些资料简化了复杂信息，有助于促进医患合作。“当你初次被诊断出患癌时，你需要了解一些基本事项。”斯塔尔解释道，“癌症具体位于你身体的哪个部位？治疗方案是什么？需要关注哪些药物、哪些症状？还需要关注哪些诊断化验结果？你需要长期对比化验结果，但它们往往没有被整理好，所以你可以自己动手整理。”

斯塔尔的癌症工作表能让人们感觉自己更懂行了，更加确信自己对医疗状况的了解。这种自信能减轻压力，增强患者对医生团队的信任。这个工作表甚至有助于协调护理，让医疗团队的工作更贴合患者需求，而不是各执一词。“我并不期待自己能完全理解医疗信息并做出所有决策，”斯塔尔总结道，“我们不是医学专家，但我们了解自己的生活方式和生活质量，以及我们想要的活法。我们本该有发言权。但在不了解事实的情况下，我们如何参与？我希望通过工作表表明，你只需将这些信息写在纸上，就会感到自己掌握了基本信息，可以参与决策了。”

癌症工作表通过提供更多信息来增强患者的自主权，使他们在生死抉择上拥有更大的控制力。多使用简朴的语言，意味着摒弃不必要的复杂性，以获得信息的清晰性。

僵化的语言守护着我们的“象牙塔”，简朴的语言却能打开它的大门。如果你想让你的受众以明智的方式自助，你就需要以一种能让他们参与进来的方式与之交流。你需要表现出关心和尊重：当你承担起让一切变得清晰易懂的重任时，便是在向你的受众表达最高的敬意。

通过保持战术性交流与初始愿景的一致性，NHS 为英国民众提供了持续一致的稳定服务，这可以增强他们的信心，帮助他们成为自身健康保健的积极参与者。这项工作符合 70 多年前 NHS 向民众承诺的无障碍服务的使命。它让民众变得见多识广、积极参与，受到良好教育，获得赋能和充满自信，而且更加信任自己的知识以及医生和医疗系统的建议。临床试验网站上的临床试验参与者也能享受到同样的福利。正如现代医学的传播一样，这种交流方式并不简单。你不仅要理解患者的处境，还要了解他们的想法。你需要通过用户研究揭示他们作为客户或患者需要了解的内容以及他们的感受。

你是否提供了准确且充分的信息，能让受众明确他们自己的选择，并增强他们对自己所做决定的自信？长期以来，许多行业专家都以充满自信和有把握的态度发表言论。现在，你有机会在你的受众中培养这种自信。无论是在何种领域，没有一个领域的受众不希望自己对知识储备和做出正确决策的能力更有自信。被清晰传达的信息能够增强这种自信。通过建立持续一致、谦逊而清晰的品牌声音，你的品牌可以教会你的受众相信自己，进而赢得他们的信任。

Trustworthy
品牌发声的关键

1. 为用户提供持续一致的语言、品牌经营策略和周到谦逊的态度，保持用户的信心和忠诚度。
2. 先设定一个清晰的愿景来定义自己，这个愿景自会吸引那些陶醉于其中的人。
3. 人们喜欢为故事买单，要让他们想象自己身处其中。
4. 不要试图隐藏自己的弱点和局限性，明确自己的界限，让用户知道自己可以期待什么。
5. 最复杂的主题值得用“无法更简单”的方式去交流，别让你的受众被费尽心机的矫饰弄得不知所措。
6. 摒弃不必要的复杂性，用简洁的语言让一切变得清晰。

Trustworthy

第二部分

信息量

用细节触发用户行动

How the smartest brands
beat cynicism and bridge the trust gap

Trustworthy
导读

要想建立信任，就要减轻用户负担

当你的组织凭借清晰且连贯的沟通方式赢得受众的信任后，将面临一个新挑战：如何把握输出的信息量？这里的信息量，指的是你传递内容的多少，既涉及言语的长度，也关乎细节的层次。如今，长篇文章颇受欢迎，但这绝不意味着可以漫无边际地冗述，或是影响到用户的事务处理体验。同时，细节层次也涵盖视觉元素：与长篇文案相对应的，是复杂的图像设计和庞大的图片库。然而，正如简洁而深刻的语句往往被广为传颂，能够快速传达理念的图像更易吸引关注，获得大量分享。模因（meme）[①] 现象就证明了简洁内容的惊人传播力。在互联网体验的各个环节中，简洁明了始终是核心原则。在长与短、详细与抽象之间，我们需要探讨一个更微妙的问题：信息量究竟要提供多少才算恰到好处？

一份提案、宣传册或工作说明书，若能成功促使潜在客户签字确认，那么它的使命便圆满完成。这是一份专为实际行动而设计的文档，它包含了准确的信息和恰当的细节，使接收者能够对其中的建议

① 模因是指一个想法、行为的传播过程，最早由英国著名生物学家、科学作家理查德·道金斯（Richard Dawkins）在其著作《自私的基因》中提出。他将文化传承的过程类比为生物进化中的基因复制。——编者注

及自身所掌握的知识满怀信心。信心，无疑是信任的一个重要标志。当一份提案或任何旨在说服他人的内容提供了充分的信息，以支持他人制定决策时，我们便可以说它是完备的。若你希望将信任这一抽象概念具体化，那么就去统计一下你的内容促成了多少决策的制定吧。每一份顺利签署的合同，都是乐观精神、坚定信念与真诚态度的有力证明。

不论你是受命撰写一篇博客文章，还是计划发布一份关于行业现状的报告，你如何判断自己已经阐述得足够充分？你如何确定图库中的图片足够用于某次活动？你又如何确保产品描述页面上的图片既准确又展现了恰当的细节？还有，你如何知晓自己所描述或展示的内容，能够助力潜在客户以任何方式理解这些案例或图片？

事实上，**重要的是给予受众“信息已足够”的信号，将他们从无尽的信息流中挽救出来。**“足够”并非一个绝对的概念。“足够”这一标准并非固定不变，而是根据受众的需求、教育背景和经验，以及当前情境下的利害关系而有所差异。在面对高风险、高成本的决策时，人们往往需要更多的信息来支持自己的选择。例如，当你在市场上选购汽车时，你可能会关心车辆在实际驾驶过程中的操控性能如何。同时，油耗情况也是一个重要的考量因素。如果你对车辆的外观有所要求，那么仅仅知道车辆是绿色的显然不够。你可能需要更多的形容词描述或是几张实拍图片，来区分英国赛车绿与20世纪70年代那种略显单调的海泡绿。

然而，信息何时会过量呢？对于那些希望迅速做出决定且不愿承担后悔风险的受众而言，过多的文字描述和丰富的视觉展示反而会妨碍他们做出决策。如果提供的信息无法满足他们的实际需求，那么这些信息就显得无关紧要。因此，尊重受众投入时间权衡选择产品、认可品牌和购买行为的重要性，以及承认受众选择权的价值，就意味着我们需要提供恰到好处的信息量，既不过多也不过少。

不同的背景和行业，受众做出决策所需的信息量各有不同，但衡量交流成功与否的方式是多样的。在某些情境下，如果减少浏览时间意味着访问者能更高效地获取所需信息，那么减少访问者在网站上停留的时间便会成为你的目标。为此，NHS 在网页上优先展示概述内容，以协助访问者迅速判断自身症状，并决定是否需要进一步治疗。而在其他场合，比如在线社区或展销体验中，交流成功的定义可能转变为消费者与内容互动的时间长短。倘若昔日的香蕉共和国如今转战线上，它或许会采用这样的成功标准，来支持消费者关于高端服饰或旅行计划方面的决策。

简洁的视觉设计是苹果公司实体店成为每平方米面积最赚钱的零售店的重要因素。其时尚而简约的产品陈列区与等候区，既无广告、促销信息的繁杂，也无刺激视觉的图案干扰。苹果公司的店铺每平方米的销售额高达 59 180 美元，远超百思买集团（Best Buy）销售额 5 倍以上[1]，尽管百思买的价格区间更为广泛。苹果公司提供恰到好处的信息量以赋能消费者，同时避免信息过载分散消费者的注意力，从而促成了更高的销售业绩。

然而，减少信息量并不总是适用于所有受众和商业目标。在户外用品零售商巴塔哥尼亚（Patagonia），昂贵的羽绒服被详尽无遗地描述出来，通过冗长的段落和复杂的花园小径句①展现其独特之处。详尽的产品特征列表，使得消费者能够轻松地进行横向对比。巴塔哥尼亚深知，信息的充实程度直接影响消费者对品牌的信心。尽管网站已提供无条件的免费送货与退货服务，但品牌更希望消费者能做出明智的购买选择，减少不必要的退货。毕竟，退货过程中的物流运输将产生不少的碳排放，这与巴塔哥尼亚希望在2025年实现碳中和的环保目标背道而驰。[2]低退货率不仅反映了消费者对购买决策的满意度，更彰显了巴塔哥尼亚提供“充足”信息的策略是成功的。这种成功进一步转化为消费者对品牌的忠诚与信任，为品牌带来长远收益。

向你的内容使用者提供适当的信息量，让他们在做决策时自我感觉既在行又有信心，最终可以为你赢得信任。无论内容形式如何，都应体现出品牌背后的努力付出，从而减轻受众的决策负担。这些工作包括分享实验室研究、厨房测试的第一手资料，或是展示幕后工作的照片，以此肯定团队的努力与成果。

在某些情况下，内容审核和编辑工作就像是将复杂的主题精炼为简洁而权威的解答。品牌通过实例来描绘这一过程，帮助受众将自身经历与信息内容联系起来。因为当他们通过获取知识建立自信时，也会对品牌产生信任。

---

① 指英语和汉语中都存在的一种可能会引起歧义的句子。——编者注

Trustworthy

第 4 章

提供足够的细节，扫除疑问

品牌真正销售的不是产品，

而是让顾客下定决心购买的信心。

品牌在展现权威性和专业素养时，能够赢得受众的信任。但仅仅在某个领域表现卓越，或是成为行业中的佼佼者，还不够。品牌还可以通过分享专业知识、丰富客户和粉丝的见闻，以及赋予他们决策的权利，来进一步赢得他们的忠诚。分享需要投入时间，这包括实际工作的执行以及工作过程的记录，这样受众才能深入了解每个细节，从而对整个流程产生信任，即便他们并不打算亲自尝试你的研究方法。通过公开方法、分享经验以及详细展示每个步骤，你的品牌也能表达对受众的尊重，尊重他们可能需要时间来权衡选择，以便做出满意的决策。这不是单纯的利他行为，而是对验证和考量周期的投入，这样做将带来更坚定的品牌支持者，提升购买率和客户满意度。**如果你在某个领域表现出色，那么请引导你的受众，让他们看到你的价值并欣赏你。**

“我们呈现的是方法，而不是自我”

“美国测试厨房”及其旗舰杂志《烹饪画报》（*Cook's Illustrated*）的粉丝们深知，这家媒体帝国所发布的内容并不适合心脏脆弱的人。

它的期刊如其烹饪书籍、网络资源和电视节目一样，均致力于提供详尽无遗的解释、全面的背景信息及周到的产品比对。它们以同样精细的插图与照片为文字增色，鼓励读者深入探究各项技术及细节。简而言之，杂志的每一页都充满了深度内容，绝无轻浮的宣传。与那些风格浮夸、内容浅尝辄止的烹饪杂志不同，“美国测试厨房”的编辑流程在时间的把握、客观性的追求和细节的把握上均展现出深厚的底蕴（见图 4-1）。

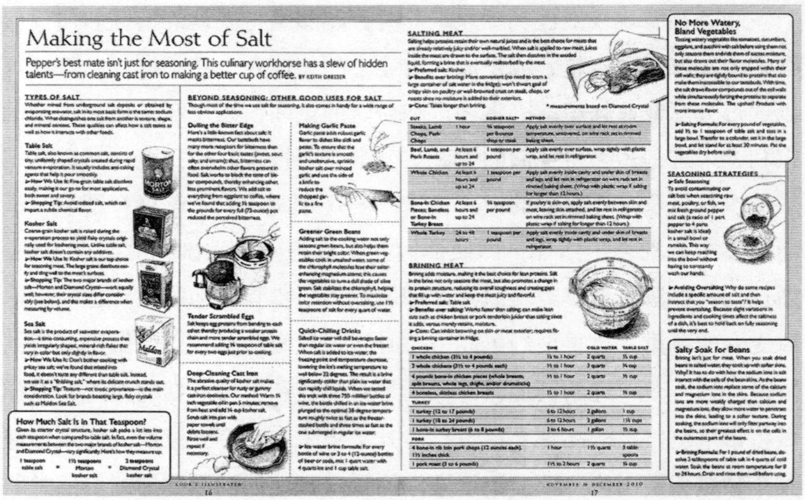

图 4-1 《烹饪画报》版面示例

《烹饪画报》上，即便是最易被忽视的主题，其内容也极为丰富，彰显了其对细节的极致追求与专注。

这种努力带来了三方面的回报：读者对品牌本身的信任、对品牌流程的信心，以及相互之间一种更为个性化的联结。通过一种整体的信任与信念构建，家庭厨师们能够对自己的烹饪技艺与智慧充满自信。这一切都归功于“美国测试厨房”团队不遗余力地深入探究与风险承担，为读者免去了许多麻烦。

为了精心打造每一份食谱，该团队及其广泛的测试网络对每个环节进行了反复测试与评估。尽管你可能对某个心爱的饼干食谱了如指掌，但尝试全新的配料或技术往往令人心生畏惧。即便你满怀好奇，但诸如烘焙义卖、节日交换饼干活动或家人的热切期待等现实因素，常常限制了实验的空间，为个人的烹饪探索划定了界限。

“美国测试厨房”对食谱和烹饪设备的研发与推荐遵循着极为严格的科学流程。它的食谱往往需要经过 30 次反复测试，由 8 位各具专长和偏好的测试厨师共同把关。[1]

同样地，设备方面的推荐也不含糊。比如在一篇探讨最佳食品加工机的文章中[2]，研究团队对 8 种不同型号的机器进行了 20 多次测试，以确保所提建议的可靠性与全面性。为了评估和推荐出最好的 12 英寸①铸铁平底煎锅，他们精心挑选了市场上排名前十的产品，并进行了包括烧焦、褐化和清洁在内的全方位测试。这种严谨的态度使得他们在发布“最佳辣椒碎牛肉”[3]等食谱时，会令受众觉得标题中的“最佳”不仅仅是一种赞誉，更是对客观事实的陈述。

“美国测试厨房”通过公开透明的方式展示测试步骤和方法，力求消除外界影响和主观偏见。他们不仅用实事求是的语气阐述测试结果，更用海量的细节来赢得读者的信任。这种信任是烹饪过程中的一

① 约为 30.5 厘米。——编者注

个自然产物，源自他们对每一份食谱、每一款设备的深入研究和精心挑选。

此外，“美国测试厨房”还注重与专家的交流与合作。例如，在评估厨师刀时，他们特地邀请了麻省理工学院的材料科学教授共同探讨碳钢的特性；为了更深入地了解面包制作中的发酵过程，他们采访了微生物学领域的专家。这些对话不仅为读者提供了丰富而有趣的信息，也进一步提升了品牌的权威性和影响力。

“美国测试厨房”因公开其测试方法、失败案例和产品的潜在陷阱而声名远扬，其测试结果的可靠性与产品推荐的可信赖度得到了广泛认可。更为关键的是，它所展现的原始研究过程，进一步巩固了受众对其严谨性的信心。这种严谨性不仅体现在研究的深度上，更在于其细致入微的描述方式。即便是最为挑剔、要求最苛刻的读者也能感到满意，并对结果产生信心，而无须亲自进行验证。

“美国测试厨房”的这种严谨性，与那些追求数量而忽视质量的品牌，或是那些无端要求受众尊重的品牌相比，形成了鲜明的对比。在众多厨师和烹饪书籍中，不乏以炫耀和吓唬为手段进行自我推销的例子，比如用稀有食材或不好懂的法语词来哗众取宠。然而，“美国测试厨房”选择了一条不同的道路，它致力于让读者深入体验研究过程。它不会将焦点放在某一份被吹捧的名厨食谱上，而是提供丰富的背景指导和深入的分析，这背后是一个孜孜不倦地探寻研究对象优点的工作团队。

“‘美国测试厨房’的编辑模式建立在合作的基础之上。”首席创意官杰克·毕晓普（Jack Bishop）解释道，“朱莉娅·蔡尔德（Julia Child）[①] 创造了食谱开发的经典模式，她分享了在食谱开发中的个人经验。但我们的目标并非如此，我们呈现的是方法，而不是自我。科学方法为我们提供了一个坚实的框架。我们所展现的，是纯粹的方法论，绝非个人炫耀。”

“美国测试厨房”并非为那些名厨服务，它的真正受众是家庭厨师，也就是你——此刻正在阅读食谱、观看节目、为家人烹饪晚餐的普通人。他们倾尽全力，通过清晰有序的步骤阐述与详尽的指导，向你表达最深的敬意。

“有人觉得我们的食谱写得太冗长。没错，有些时候，它们确实包含了不少步骤。”毕晓普坦言，“但这其中的原因，往往是我们提供了极为详尽的描述！我们希望能确保读者明确自己接下来要做的每一个动作！”他的话语中，无不透露出“美国测试厨房”那为人称道的严谨态度与追求精准的精神。“传统食谱起源于类似速记的便条，编写者默认读者也能理解这种简略的记法。它们更像是一种帮助记忆的工具，而非教学指南，里面鲜少会有‘你应该这样做’之类的明确指示。在我们这里，细节是关键。我们会明确告知读者哪些东西是可替代的，确保食谱内容对每个人都是实用的。”

“美国测试厨房”致力于让他们的食谱适合所有人，无论是烹饪新手、技艺娴熟的家庭大厨，还是烘焙爱好者，甚至是那些拥有不同食材、来自不同文化背景和追求不同生理需求的人。这一宗旨深刻影

① 美国知名厨师、作家、电视节目主持人。——编者注

响了他们的产品和设备推荐范围：规避任何难以寻找的或只有大城市的厨师才能获得的物品。同样，其测试团队也体现了多样性，测试者无论高矮，他们都能在实际操作中发现问题。有一个最显著的特点，那就是受众的需求影响了他们视觉展示和文字解释的详尽程度。

在品牌传播中，行话的使用同样影响信息传递。虽然简洁的流行语和缩写词能迅速拉近与潮流人群的距离、节省时间，但它们在引导更广泛的受众或长期培养受众方面的效果不大。“我们尽量避免使用行话和专业术语。”毕晓普提醒我们，在这个行业中，日常的烹饪技巧常被科学术语复杂化，大家的烤箱也常被默认为温度设定都保持一致，这些都常使人一头雾水。他解释说：“我们从不说‘烘烤30分钟’，而是会详细描述‘烤到它看起来像这样，摸起来像这样……这大约需要30分钟’。实际上，每个人的烤箱都有温差，但只要人们清楚成品的外观、气味甚至声音，每个人都能获得满意的结果。”

这种对细节的深入需要食谱作者投入大量的时间和精力，尤其是在现今这个时代，并非每个人都熟悉新鲜出炉的面包香气。更不必说，少有人记得小时候看到父母或祖父母敲打大块面包底部，倾听那从温暖气孔中传出的低沉、空洞的回声。

顾客真正购买的是信心

毕晓普说：“我们告诉人们在烹饪时充分运用感官，而不仅仅是机械地遵循食谱，因为成功能够培育自信。”成功确实能够培育自信。“美国测试厨房”的厨师们比任何励志演说家都更坚信这一点，他们致力于向读者赋能。在描述面包的声音和酱汁的气味的短文中，自信心成了“美国测试厨房”真正的产品。读者们学会了用自己的感官去检验，他们对自己的信任与对食谱的信任并驾齐驱。

“人们常说烹饪的主要障碍是时间，”毕晓普继续阐述，“但我并不这么认为。烹饪的主要障碍往往在于失败。人们兴致勃勃地学习烹饪，却以失败收场，这无疑会加深他们‘自己不擅长烹饪’的印象。但烹饪并非制造火箭那般高不可攀，每个人都有烹饪的潜能。只要按照食谱操作并开始获得成果，自信心便会逐渐建立起来。随着时间的推移，你甚至可能不再需要依赖食谱了。”

尽管读者投入的时间或许对他们的烹饪热情影响不大，但“美国测试厨房”在内容制作上所投入的时间功不可没。厨房的厨师们在整个编辑过程中精心打磨内容，并根据不同平台的特点进行重构。简而言之，他们竭尽全力，就是为了让读者能够轻松上手。无论受众在哪个平台浏览食谱，他们都可以信赖那些充分展现了该平台优势的内容。例如，家庭厨师们可能最初是通过“美国测试厨房”的电视节目了解到“百万富翁酥饼”这道佳肴的。在该节目第 18 季的“优雅甜点”（Elegant Desserts）一集中，备受瞩目的流心焦糖成为焦点。许多“粉丝”都渴望能在家中亲手制作出这款美食。这款酥饼被巧克力和焦糖包裹，带给人难以言表的满足感。不过，观众其实无须自己录下这集节目，他们可以先欣赏节目中的精彩对话与现场解说，之后再参考 2016 年 11 月《烹饪画报》上的相关文章和食谱。[4]

虽然“美国测试厨房”的厨师间的对话造就了精彩的电视节目，这种多对一的广播方式却不太适合传达详细的烹饪操作说明。相反，在更为私密的杂志阅读体验中，这些烹饪操作说明就能够得到应有的重视。社交媒体则提供了另一种价值：它们可以通过短暂展示仍在研发阶段的食谱来激发读者的兴趣，这些未经杂志级美化的食谱内容反而散发着独特的真实魅力。[5]

“美国测试厨房”则采用了“打破第四道墙”① 的方式，直接与观众对话，并运用了更注重行动的摄影风格，将观众带入烹饪研究过程以及幕后，包括笔记、花絮等。“没人想在 Instagram 上观看一个长达 30 分钟的羊角面包制作故事，”毕晓普解释道，“但如果我们测试冷却器并将其锯成两半呢？这样的内容对 Instagram 上的用户来说就太合适了。对于这个平台来说，它的确相当有趣。我们致力于为每个平台量身打造合适的内容。”

“美国测试厨房”还专注于转换自己的故事，充分利用每个平台或设备的独特优势。这一做法与他们的策略不谋而合，即更广泛地采纳那些具有高度适应性的内容：他们会根据受众的语境来定制信息的传递方式，并针对特定的使用场景来优化内容类型。

以“最佳辣椒碎牛肉食谱”这一主题为例。在社交媒体上，一段 10 秒的视频片段就能吸引观众去观看一段 20 分钟的实时烹饪视频（见图 4-2）。而 2015 年 11 月出版的《烹饪画报》则用若干页面图文并茂地详细介绍了该食谱以比较不同部位的切块并展示其褐变过程。这种展现形式非常适合那些希望坐下来，花些时间阅读最新期刊内容

① 戏剧术语，指表演者直接与观众互动，刻意暴露“这是表演”的虚构性，本质是消解权威感，与受众建立信任。——编者注

的读者。

图 4-2 “美国测试厨房”在社交账号上展示美食制作

“美国测试厨房”欢迎粉丝进入厨房的社交账号页面。与《烹饪画报》不同，这上面的照片不像专业摄影作品那样完美，也没有过多人为安排的摄影细节。

在网络上，这份食谱的内容更为丰富：其中穿插了多段文字，叙述了背后的故事、历史渊源以及多项研究成果，这些研究旨在探索如何更好地提升肉质的醇厚口感与嫩滑度。然而，若你在准备烹饪时不想被过多的评论打扰，该如何是好？当你在厨房忙碌时，只需打开手机或平板电脑，以幻灯片形式查看食谱，每一步烹饪过程的照片下面都有详细的图片注解。用户的实际情境至关重要，它决定了内容传递的方式、格式以及信息量。

“图片注解涵盖了烹饪时所需的所有信息，一目了然。”毕晓普解释道，“例如，我们不会说‘加热橄榄油’，而是会明确指出‘加热一汤匙橄榄油’。图片注解会详细注明橄榄油的种类和用量，这样你在边查看平板电脑边烹饪时，就无须反复翻阅配料表了。”为了确保成功，测试厨师们不断对内容进行编辑和调整，以便读者能够充分利用手头的媒体和设备。

尽管“美国测试厨房”的语言风格并不适合所有人，但它在背景故事方面的深入挖掘对于喜欢阅读这类故事的厨师，以及那些只要知道有这类故事可作参考就好的厨师来说，具有极高的价值。这些厨师或许并不打算运用这些研究成果，但他们安心地知道，如果需要，这些成果随时可供他们使用。“这份食谱为何奏效”板块会先提及旧版食谱中的常见问题，如红白肉烹饪速度的差异或普通巧克力曲奇口感不足的问题（小技巧：通过将黄油煎至焦糖化，巧克力曲奇口感会变得更均衡，且带有坚果香）。随后，它会阐明新版食谱的改进之处及其优势。

尽管特定技术的教学内容和侧边栏的高亮部分并非必读，但它们能满足不同读者的需求。“我们的读者渴望提升技能。”毕晓普表示。与追求大厨指导或寻求烹饪灵感的厨师不同，家庭厨师珍视“美国测试厨房”提供的学习体验和对目标共同的理解。“他们将烹饪视为爱好，而不仅仅是家务。他们正踏上学习之旅，因此我们会适时绕开主题，以迂回的方式让他们了解自己所做的事情。”毕晓普解释道。

教育的力量在于引领我们走向成功，而成功的实现则为我们带来赋能与信心的增长。这一连锁反应在无数厨房中通过各种途径与媒介得以体现：教育与引导成为赋能的驱动力，同时，受众在实践和摸索过程中建立的自信逐渐转化为对品牌的信任与对自身的肯定。

成为第一个亲身体验的人

沉醉于细节钻研、产品对比与图解说明的，远不止那些在厨艺精进路上积累知识与信心的烹饪爱好者。自 1974 年起，音响爱好者、摄影迷以及影音发烧友在克拉奇菲尔德公司（Crutchfield）这一在线电子产品零售平台上，也找到了相似的信任感。克拉奇菲尔德的忠实客户乐于投入时间，深入研读关于家用与车载音响、摄影设备、家庭影院安装及其他电子产品的详尽资料。该公司提供的由销售人员精心制作的大量视频、信息图表及产品描述，成为客户们持续学习之旅的有力支撑。

“我深信长篇文案的价值，坚信我们应帮助客户获取他们所能获得或渴望获得的全部信息。”克拉奇菲尔德公司资深家庭影音编辑史蒂夫·金迪格（Steve Kindig）阐述道，他已在此公司效力超过三十载，“我们提供的众多产品都颇具复杂性。这与购买衬衫或沙发截然不同。我们需要投入大量心血向客户阐释产品的各项特性，或是向他们阐明某件产品可能并不符合他们的需求。客户反馈表明，我们的销售人员推荐的产品往往比客户原计划购买的产品更经济实惠。这得益于他们丰富的产品知识和敏锐的洞察力，通常只需简单询问，他们就能准确判断客户的需求。”

克拉奇菲尔德通过融合教育与个性化支持，满足了不同客户群体的需求。无论是需要直接指导的客户，还是喜欢自主研究、按个人节奏收集信息的客户，都能在这里找到适合自己的服务方式。那些喜欢自主研究的客户则可以在网站上浏览大量内容，这些内容可能只是销售人员的个人经验分享，如安装新立体声系统或测试新相机镜头的体验。这些内容以第一人称叙述，结合用户界面图表进行解释，还通过照片展示变通方法、售后调整等用户手册上没有提及的创意。通过这种方式，客户能够积累产品知识，从而更有自信地做出明智的购买决策，避免后悔。

克拉奇菲尔德在品牌传播和客户沟通方式上的不断演变，让不同类型的客户都能受益。无论是寻求销售人员帮助和保障的客户，还是喜欢自主研究的客户，都能在这里找到满意的服务。

自 1975 年起，克拉奇菲尔德就开始与客户保持联系，收集他们对产品目录的初步反馈。这项早期客户研究对公司的品牌传播和客户沟通方式产生了深远影响。短短 6 个月后，产品目录就以“杂志商品目录”的形式重新发布，增加了更多解释、原始研究和详细文案，以满足客户不断增长的信息需求。之后，销售额急剧上升。金迪格在克拉奇菲尔德的职场经历，几乎就是公司成长轨迹的缩影。他从负责客户互动，逐渐转向内容制作，并成功使前者对后者产生了显著影响。

金迪格回忆道：“我最初加入公司时，负责的是目录申请工作。每当有电话进来，我就会记录下客户的姓名和地址。之后，我又做了一年的电话销售。”他接着说：“后来，公司出现了一个撰写产品目录的职位空缺，而我恰好是公司里第一个有电话销售背景的人。由于我曾与众多客户交流，因此积累了丰富的产品知识。”那是 20 世纪 80 年代中期，电话销售的角色与实体店中面对面接受客户咨询的销售人员相似。金迪格提到：“当时，我们的销售团队大约有 10 人。在正常情况下，他们每天可能会与上百人交谈，所以必须非常迅速地积累知识。”潜在客户对立体声设备很感兴趣，这些客户不仅有一定的知识基础，在交流中还会提出更有深度的问题。

“有些时候，客户的问题超出了供应商提供的演示资料范围。”金迪格解释说，“这就需要我们进行更深入的研究。”这类客户会仔细测量产品，甚至将其拆解研究。“当我开始为产品目录撰写文案时，一位编辑要求我列出需要修改的内容。我给了他一份长清单，上面记录的都是我在与客户通话中收集到的信息。多年来，我为克拉奇菲尔德做出的贡献，是一直强调内容的准确性与完整性。在网络时代，很多网上零售商都只是简单地将供应商的产品描述复制到自己的网站上，但我们从不这样做。我们被客户视为非常可靠的信息来源。多年来，我们的信息甚至比供应商提供的还要准确，这种情况屡见不鲜。”金迪格强调。这主要归功于克拉奇菲尔德为团队设定的工作目标和视角。销售人员并不只是努力推销产品，而是致力于深入了解产品。与“美国测试厨房”的厨师相似，克拉奇菲尔德的团队会探索、对比并测试各种产品选择，始终以客户为中心。

金迪格解释说：“供应商的宣传资料通常由营销部门制作。但当我们拿到产品时，我们的研究团队会亲自开箱、取出设备并进行测试。他们会从可靠来源、用户手册等权威渠道获取信息，这些信息有时与营销资料存在差异。我们学会了如何整合信息，并通过亲身实践获得深入体验。每当供应商来进行培训，我们的员工都会在培训结束后，甚至在培训过程中，就迫不及待地拆解产品，并向供应商提出大量问题。”

凭借大量的第一手研究，克拉奇菲尔德团队得以代表客户先行进行深入的研究。但客户若想在关于各类产品、价位和退货的政策中自由选择“先试后买”、在家测试或拆解电子设备来查看内部构造，这显然不现实。实证研究的重要性不言而喻：当我们难以接触到需求相似的专家或朋友，无法借鉴他们的个人经验时，我们便会寻求直接观察的机会，以获取坚持自身信念所需的信息和勇气。克拉奇菲尔德的竞争对手，如百思买等零售商，通过邀请客户体验店内的 Magnolia 家庭影院①，营造类似的体验环境。在此，购买家用音响的客户可在私人演示间内试听并比较音质。尽管销售人员能提供一定的产品知识，但这种客户体验仍受限于现有产品、销售人员的专业水平以及店铺环境。

然而，网络购物打破了这些限制，克拉奇菲尔德便充分利用了网络的优势。除了产品页面上的基本信息，其官网还提供了丰富的内容，如购买指南、产品分类介绍、产品评价以及类似旅行日志的个性化帖子。

在 2010 年的一篇名为“将地下室改造成家庭影院”[6] 的帖子中，金迪格分享了他的改造过程和考虑因素，并详细描述了施工步骤、设备选择及最终效果。他以朋友的口吻向读者坦陈了自己的优先考虑事项，如减少声音振动、确保房间宽敞，“这样我的观众就不必挤在一

① 美国高端影音品牌与零售体验系统。——编者注

张大扶手椅上看电影了”。通过明确表达个人目标，他帮助读者将他的建议与读者的实际需求相结合。你不会邀请一大批人来？那就没必要用窄间距梁来限制壁板了。不打算频繁更换组件？那你可以放心地进行优化，选用内置暖通空调管道的影音机柜。

这篇帖子不仅文字描述详尽，还辅以框架、设备壁橱布局的图片，以及立柱与天花板托梁之间及沿线最佳隔音材料的照片，而这些都在读者深入探究有关设备的实际建议之前呈现出来了。就像《烹饪画报》中的食谱一样，这篇帖子提供了详尽的解说，帮助读者权衡特定技术的优劣。读者可以据此思考自身需求并汲取知识。其中，一个侧边栏还专门探讨了“设备机架：独立式与嵌入式”的话题。你追求整洁吗？那就选择嵌入式机架吧。希望确保性能的持久稳定？那就选择独立式机架并将其安放在混凝土地面上，这样可以有效减少组件的振动。

将工作人性化

我们研究产品、分析公司，但我们真正连接的是人。人们更信任同类。通过使用第一人称叙述，你可以提醒人们，在内容和品牌的背后，是活生生的人。克拉奇菲尔德推崇一种模拟第一人称参与的视觉和语言风格。“我们用第一人称写作，因为这非常有意义。”金迪格解释道。文案写手采用了一种对话式的风格，字里行间流露出热情、幽默与谦逊。“一开始，我特别喜欢用手机拍照，但没过多久，我就开始因它的各种限制而感到失望。显然，对于渴望提升摄影技巧的人而言，一台更出色的相机无疑是关键。”这是克拉奇菲尔德家用电子产品使用教程专栏的总编辑德亚·茹科夫斯基（Deia Zukowski）在《如何为初学者选择最好的数码单反相机》[7]一文中的开篇语，该文旨在为那些正打算购买首台可更换镜头相机的用户提供指导。

人的元素并不仅仅体限在文字上。我们还能看到销售团队在停车场安装汽车音响的一系列现场照片。这些图片详细记录了销售人员拆卸装饰板、重新布线以及应对复杂安装系统的每一个步骤。特别值得一提的是，这些特写图片并未聚焦于已安装完毕的产品，而是将镜头对准了安装人员的手部操作，从而将他们的辛勤工作置于一个更为真实的场景中。此外，产品目录里的文章、评论以及客户服务内容也常附有客户的亲切大头照。“我们与众不同的地方在于我们的员工。我们始终强调，我们的团队成员既乐于助人又知识渊博。当你致电其他公司时，他们往往会依照固定的脚本来回应你，但我们的技术支持人员则截然不同。”金迪格指出。

俗话说得好：“产品本身不会推销自己，推销产品的是人。”克拉奇菲尔德深知自家品牌与其他品牌的区别，并为此感到自豪。其实，他们真正的“产品”是赋能授权，这是由产品顾问“销售”出去的。客户从他们这里购买的，其实是信心。产品顾问会花上数小时与客户通话，帮助客户仔细考虑购买产品时的所有选项、解释复杂的安装流程或解决技术问题。虽然他们的产品在其他许多零售商那里也能买到，但这种专业知识、客户引导以及赋能授权的综合服务，是独一无二的。

这种高质量的客户服务和原创内容的成本不菲，但这其实是对品牌本身的投资。克拉奇菲尔德的品牌经理朱莉·戈万（Julie Govan）

阐述了推动这种服务水平的情感和策略。她说："我们希望每个客户对自己接收到的信息都有足够的信心，让他们觉得自己可以做出决定，并且是从点击'加入购物车'的那一刻起，直到产品送到他们手中，都能保持良好的感觉。那些对自己要买的东西缺乏信心的人，要么选择不买，要么买了也不会满意。因此，将决策权交给客户而非我们，对于提振客户信心是至关重要的。"

给验证与思考留出时间

许多人在面对电子产品相关的工作、研究和决策时，更倾向于将这些任务推给他人，并且经常将复杂的选择权交给看似知识更丰富的销售人员。但这种做法并不适用于所有品牌或客户。通过深入调查用户需求和仔细分析网站数据，克拉奇菲尔德能够准确把握客户的需求偏好。他们从不会轻易放弃研究，反而会深入研究。尽管研究耗时，但他们并不介意。客户联络中心则为了解这一过程提供了一个观察窗口。

戈万解释说："有些客户在即将做出购买决策前，会致电或在线咨询我们，以验证某个具体细节。"这些客户通常已经在网站上投入了大量时间，仔细阅读文章并权衡各种选择。详尽的文案、清晰的图片以及实用的比较工具，为他们提供了充足的时间和空间，使他们能够充分思考并验证自己的选择。

这些模式或许会让你感到似曾相识。当你在网上购物，考虑购买一件昂贵的商品时，不妨留意一下从将商品加入购物车到完成支付所需的时间。以户外服装零售商巴塔哥尼亚的网站为例，一件新款外套的标价可能高达数百美元。但巴塔哥尼亚并不会急于让你下单，而是会提醒你再次确认所需的尺码和颜色，即便商品已经躺在你的购物车里了。他们的做法颇有些实体店老板的风范，即总是设法让客户参与其中。在便利店，你可以来去自如，短短 30 秒内就能决定要买哪种苏打水。便利店，顾名思义，就是要为客户提供购物的便利。但如果你是在一家精品店购物，店主可能会主动为你推荐产品，比如一件与你的包包或整体着装色调相配的衬衫。他们并不会急于促成交易。在网络环境中，“慢内容策略”的原则也推动着类似的互动方式。巴塔哥尼亚不仅提供商品，更给予客户深入思考和直观体验的机会，确保客户的每一分钱都花得值得。克拉奇菲尔德同样以其丰富的内容和优质的客户服务，为人们带来类似的体验。

当然，不同客户的准备程度不尽相同。戈万指出：“常有客户联系我们，他们心中已经知道自己追求的是什么，或者说是某种特定的体验，但不知如何实现。他们明确自己的需求，只是需要我们在细节上给予协助。”无论客户追求的是清晰音质、弱光摄影，还是长途飞行中的噪声消除，克拉奇菲尔德的客户联络中心总能提供既专业又贴心的支持。他们帮助客户更深入地了解自己的需求和选择，从而做出更加明智、自信的决策。

“我们的联络中心团队受过专业培训，擅长洞察客户的实际情况，比如他们的需求是什么，他们计划如何使用我们的产品，他们的家庭环境如何。我们会深入了解这些情况，一旦充分理解了客户的需求，就会推荐符合他们描述的产品。我们虽然了解产品的方方面面，但客户更清楚对自己而言最重要的是什么。”戈万补充道，“如果我们拥有对客户有价值的个人经验，会毫不吝啬地与他们分享，但我们从不强硬推销产品。就算客户最终没有购买并挂断电话，我们的客服也不会因此受到任何处罚，况且，我们从不急于结束通话。”

克拉奇菲尔德的团队致力于主动满足客户的期望。“我们的团队或许很专业，但我们的客户同样聪明敏锐。”克拉奇菲尔德的首席内容官埃米·莱纳特（Amy Lenert）强调，“我们时刻提醒自己这一点，绝不将解决方案强加给客户。”这种尊重可能意味着客户最终选择不购买或是延迟购买，直到他们感到是时候做出购买决策了；也许最后会选购销售顾问在了解他们的目标后推荐的更实惠的产品。

“我们善于倾听，并提出经过深思熟虑的问题。”莱纳特继续说道，“我们每一步都考虑得十分周全。这恰恰映射出我们从受众那里收获的信心。”克拉奇菲尔德很愿意分享其受众的好奇心与信心，它借助引导的力量来实现对受众的赋能授权。而相互尊重，既是这种互动的必然产物，也是其不可或缺的要素。**在任何良好的关系中，尊重与信任总是相辅相成的。**

Trustworthy

第 5 章

在表达中留白，消除焦虑

在内容与布局间
找到恰当的“灰度”平衡
至关重要。

“美国测试厨房”之所以能够树立权威、赢得信任，是因为它迎合了全球各地围着围裙的祖母们的心声。祖母们看着自家瘦弱的孩子，心中默念着：吃得越多越好！克拉奇菲尔德公司也通过丰富的信息传递，营造出了同样的舒适感。然而，在英国，另一种观点也取得了不小的成功：简洁是智慧的灵魂，同样也能激发人们充满信心的行动。

经验丰富的喜剧演员深知停顿的奥妙。在停顿中，他们未说出口的话语与已说出口的话语同样具有分量。他们会让一句妙语在观众心中回荡，帮助观众将趣闻中的细节串联起来，从而自行得出合乎逻辑的结论。他们所用的方式，往往比在台上详细解释每个细节更让人满意。**简短精练的内容，同样能赋予受众智慧和信心。它留出空间，让受众思考已知信息并做出恰当的回应。简洁即克制，能培养信心并促使受众行动。**

把人们从“信息焦虑”中解放出来

英式幽默与克制的关系全球闻名，如今英国政府的交流方式也可获得此等声誉。英国政府网站 GOV.UK 提供英国公共服务信息，并承诺以“更简单、更清晰、更迅捷”的方式实现。此标语概括了政府数字服务部如何将 3 000 个政府网站的信息，整合至一个权威、完整的网站。但此网站不仅仅是作为公共关系渠道或交流工具来提供信息，它还能帮助用户查找个性化信息，如登记投票、适应脱欧新规、续签护照、申请福利、确认法定产假时间等。其用户也要求信息准确、具体，因为他们不愿或不能在铺天盖地的泛化内容陈述中寻找所需。

这看似是一项艰巨的任务，而事实也确实如此。然而，GOV.UK 的做法并不是为每位用户提供海量的服务，而是通过深思熟虑地筛选与组织内容，精准地满足用户的需求与关注点。每周有近 1 400 万人次访问其网站，他们都期望获得量身定制的详尽、准确且实用的信息。而 GOV.UK 正是依靠明确的焦点与高效的内容设计，为用户提供适量且有价值的相关信息。

人们往往认为，“充足”的内容必然意味着涵盖面极广，但旧版的网站并非如此。在 2012 年进行全面改造之前，该网站的团队发布的政府服务信息占据了约 75 000 个页面，其中不乏过时、矛盾或复杂晦涩的内容。用户可能需要浏览大量页面，最终却只是被导向其他站点，找到的信息也仍然空洞无物、缺乏实用性，迫使他们不得不寻求人工服务。更多的内容并不等同于更好的内容，用户对此也心知肚明。

“政府向公众输出了过量的信息，导致人们根本不知道该何时停止阅读。”英国政府数字服务部（GDS）内容设计负责人萨拉·理查兹（Sarah Richards）如是说道。[1] 通常，人们需要得到某种暗示，才会停止搜集信息并开始采取行动。这种暗示让人们确信自己已经掌握了足够的知识，可以填写表格、购物或投票了。**如果用户没有接收到表明他们已读完或已获得“足够”信息的信号，便会陷入无尽的思考和验证循环。这种令人不安的现象，叫作“分析瘫痪”。**它表现为一种焦虑，人们总觉得自己永远无法掌握全部信息，于是不断刷新社交媒体，试图跟上新闻节奏，却最终在信息的海洋中迷失方向。又或者，你是否有过这样的经历：在一个难得空闲的周五晚上，你在视频媒体平台上陷入了选择困境，不断添加想看的影片、阅读影评，刷看两分钟的预告片。这样做不仅推迟了做决定的时间，还浪费了宝贵的休息时间，直到最后，放弃成了唯一明智的选择。放弃观影，去睡觉，期待下次尝试。

人们在面对旧版 GOV.UK 的服务内容时，也常常会选择放弃。理查兹举例说：“为了解释如何计算产假薪资，我们用了 5 篇各 750 字的文章。”这些内容充斥着倒数日期标记和趣闻逸事，还包括诸如《怀孕期间如何工作》之类的文章。[2]

然而，网站的信息量庞大，且信息中的路径纷繁复杂，常令人感到困惑，这使得访问者往往需要寻求外部资源的帮助。理查兹解释说：“人们会选择 BBC，因为他们信任 BBC。”当用户对政府网站上的信息缺乏信心，或者根本找不到所需信息时，他们便会转向外部渠道，以获取有关政府官方政策、服务和流程的信息。

在这个信息海洋中，权威信息被大量缺乏明确相关性的其他内容所淹没。政府发布的后续还需维护的信息，涵盖了社会观点、绿色生活建议以及环境科学等多个领域。例如，“保护蜜蜂”这样的网页，详细介绍了蜜蜂在环境中的作用，还有人类如何通过建立庇护所、提供食物，以及在蔬菜附近种植金盏花等伴生植物以限制杀虫剂的使用，来帮助蜜蜂生存。尽管这些内容本身颇具趣味性，但它们与政府工作的直接相关性并不强，也不属于政府的直接监督范围。因此，在进行明智且目的明确的内容审计时，组织必须首先明确哪些工作属于自身的职责范围，然后才能做出合理的删减决策。

鼓励行动的 10 条沟通口号

根据 GDS 的“政府设计原则”[3] 的要求，“政府应该只做只有政府才能做的事”成为重新设计网页的指导口号：

- 以用户需求为起点。
- 精简。
- 基于数据设计。
- 勤奋工作，让事情变得简单。
- 迭代，再迭代。
- 为所有人服务。
- 理解语境。
- 聚焦数字服务，而非一堆网站。
- 保持持续一致性，而非千篇一律。
- 保持开放的状态。

GDS 在进行内容审计和筛选时，遵循这些原则，优先关注重要内容。通过这一流程，部门网站从 75 000 页精简至 3 000 页，删除了“养蜂业发展趋势”等与 GDS 职能无直接关联的内容。被删除的内容则由“蜜蜂基地”（BeeBase）[4] 这样专注于提供全面专业指导的组织来处理。

在剔除那些政府以外的组织能提供的更优质服务的内容后，GDS 能更富有建设性地规划新内容。这一过程中，它的用户，尤其是用户的需求，起到了关键的指导作用。许多组织，无论是公共部门还是私营部门，都在谈论以用户为中心的设计，但它们往往还是从用户寻求的产品和渠道入手，如网站、新的社交媒体推广或为期一天的会议。然而，GDS 的做法是追踪用户需求，这与仅仅将内容交付网站、在编辑计划中制作信息图表或发布博文来保持可见度的做法，是有所不同的。这些内容营销工作可能是内容策略的产物，但并不能取代由需求驱动的内容策略。

在涉及蜜蜂相关工作时，政府拥有独特的职能。比如，尽管关于养蜂趋势和最佳实践的信息广泛，但仅政府有权因批准为传粉研究引入非本地大黄蜂而签发许可证。[5] 此外，只有政府能出具从欧盟成员国进口大黄蜂至英国的健康证明，并提供关于如何应对英国脱欧及脱欧过渡期对动物、牲畜和昆虫进口影响的建议。

满足用户的关键需求，同时回答对用户的业务及个人生活至关重要的问题，是内容制定的核心。在任何组织中，沟通工作都应反映品牌驱动的内容策略，这可以通过优先考虑组织希望在目标受众心中塑造的形象来实现。GOV.UK 通过简洁、高效、创新和前瞻性的设计，以及言简意赅的文案，体现了这些品质。如果说品牌驱动的内容策略决定了信息的呈现方式和给予用户的感受，那么用户需求则决定了内容应解决的问题，需要品牌辅以适当的同理心和谦逊态度。

理查兹解释说："政府必须提供用户所需信息，帮助他们掌控自己的处境或面对自己的问题。没人把访问政府部门或政府网站当作消遣，用户都是带着明确目的来的，是为了满足特定需求。有的人是去给钱，有的人是因为钱不够而去要钱，或者是想做点什么让自己不用坐牢。所以用户只想速战速决，尽早离开。"

对于服务于事务处理型组织的文案写手和设计师来说，必须正视这一现实。访问者往往没有耐心阅读冗长的内容，也不仅仅是出于好奇去阅读。他们来到网站，是为了完成某项任务，这项任务只是他们生活中更大背景的一部分。如果你是任务驱动型组织的一员，无论是产品负责人、创始人、营销人员，还是常与工程团队打交道的文案写手，你可能热衷于分享组织内的各种进展。你可能会倾向于展示最新产品功能、宣读使命宣言或引用典故，来开启每次的产品演示或网页设计。然而，更明智的做法是，结合受众的实际需求来考虑品牌信息的传递。我们的网站或许没有我们想象的那么举足轻重，但在人们需要的时候，它们提供的信息却至关重要。

GDS 通过优先考虑用户需求，在对用户目标的同理心和对内容价值的谦逊理解之间找到了平衡。"以用户需求为起点"这一理念，被置于"政府设计原则"的首要位置。当然，如果你是熟知每个版本计划推出功能的文案写手，对话的起点会自然而然地由此展开。或者，如果创意简报要求全方位展示新产品，你或许会立刻联想到炫目的灯光效果。然而，明智的内容设计有助于组织重新调整策略。用户并不会为功能或什么神话买单，他们首先看重的是产品带来的好处，其次才是功能。他们会问："这对我有何好处？"因此，我们必须首先关注用户的需求，然后才能引导他们关注那些影响他们做决策的功能和细节。

在确定大型项目的范围时，这可能会是一个复杂的过程。或许你的项目不会像 GOV.UK 那样规模庞大或预算充裕。在小型项目中，预算更紧张、人手更有限、时间更紧迫，因此浪费精力的余地更小，明确项目范围也就显得尤为重要。

GDS 通过明确用户需求来确定工作的优先级。他们分析了旧版网站的搜索记录和页面，对约 1 800 项用户需求进行了反向梳理工程，如"办理护照"或"更改车辆登记证地址"等。团队为每项需求设定了优先级和跟踪编号，并录入到名为 Needotron 的工具中。随后，他们评估这些需求是否属于测试版的范围，考查搜索记录并思考用户是否有这些需求，考虑它们是否属于政府职责且只有政府能完成，以及它们是否有助于推动数字化服务转型。这些考量帮助 GDS 团队将用户的需求范围缩小了近一半。Needotron 助力团队将精力、注意力和预算聚焦于下一步任务：设计出能够帮助用户通过与政府互动，更高效地满足自身需求的服务。

让用户关注到重要信息

在确定测试版内容范围和优先级后，GDS 为内容设计设定了明确目标，以确保用户能关注到重要信息。

然后，他们需要确保用户在浏览内容时能保持集中的关注点。以小型企业在处理难以确定的增值税（VAT）预算时所面临的挑战为例。一家咖啡馆的老板在尝试确定进口咖啡应缴纳的税款时[6]，很可能会对那些掩盖了核心信息的繁杂细节和数据感到烦恼（见图 5-1）。

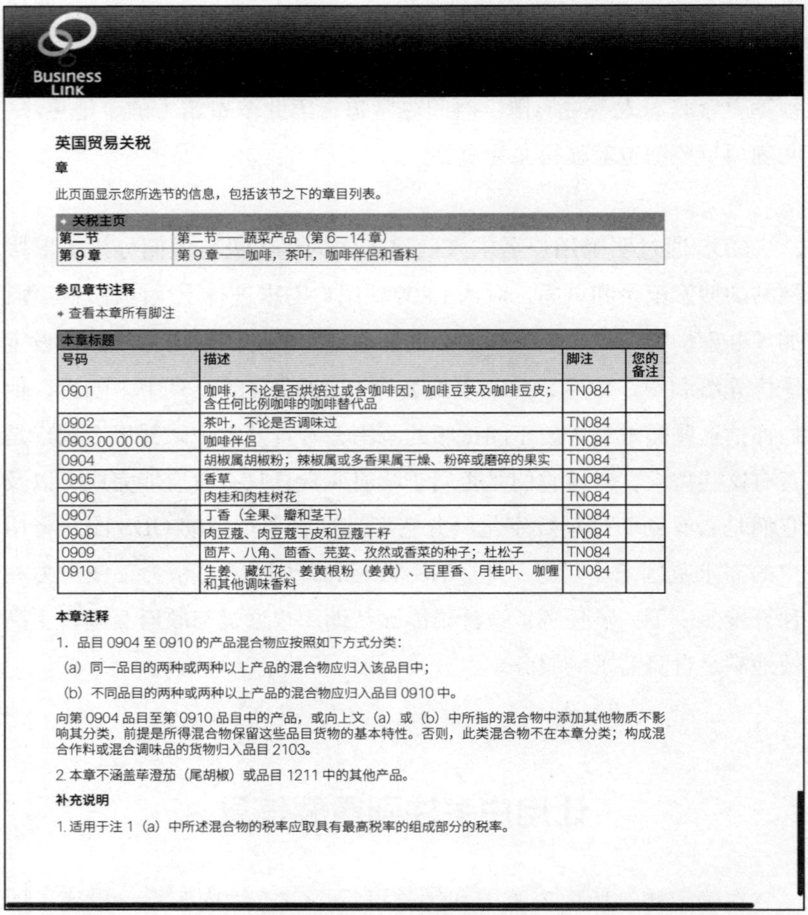

Business Link

英国贸易关税

章

此页面显示您所选节的信息，包括该节之下的章目列表。

关税主页	
第二节	第二节——蔬菜产品（第6—14章）
第9章	第9章——咖啡，茶叶，咖啡伴侣和香料

参见章节注释

查看本章所有脚注

本章标题			
号码	描述	脚注	您的备注
0901	咖啡，不论是否烘焙过或含咖啡因；咖啡豆荚及咖啡豆皮；含任何比例咖啡的咖啡替代品	TN084	
0902	茶叶，不论是否调味过	TN084	
0903 00 00 00	咖啡伴侣	TN084	
0904	胡椒属胡椒粉；辣椒属或多香果属干燥、粉碎或磨碎的果实	TN084	
0905	香草	TN084	
0906	肉桂和肉桂树花	TN084	
0907	丁香（全果、瓣和茎干）	TN084	
0908	肉豆蔻、肉豆蔻干皮和豆蔻干籽	TN084	
0909	茴芹、八角、茴香、芫荽、孜然或香菜的种子；杜松子	TN084	
0910	生姜、藏红花、姜黄根粉（姜黄）、百里香、月桂叶、咖喱和其他调味香料	TN084	

本章注释

1. 品目0904至0910的产品混合物应按照如下方式分类：

(a) 同一品目的两种或两种以上产品的混合物应归入该品目中；

(b) 不同品目的两种或两种以上产品的混合物应归入品目0910中。

向第0904品目至第0910品目中的产品，或向上文（a）或（b）中所指的混合物中添加其他物质不影响其分类，前提是所得混合物保留这些品目货物的基本特性。否则，此类混合物不在本章分类；构成混合作料或混合调味品的货物归入品目2103。

2. 本章不涵盖荜澄茄（尾胡椒）或品目1211中的其他产品。

补充说明

1. 适用于注1（a）中所述混合物的税率应取具有最高税率的组成部分的税率。

图5-1　旧版GOV.UK页面

旧版英国政府网站上的贸易关税指南信息过于繁杂，缺乏实用性和易用性。

产品类型的多变、需要特别留意的脚注，以及各式各样的免责声明，都可能削弱用户对信息准确性和完整性，以及对整个流程的信心。

为此，GOV.UK 的测试版[7]对信息的分类和层次结构进行了重新设计，使用户无须同时处理过多的变量。通过提出更简单的问题，比如咖啡豆是否烘焙过、是不是脱咖啡因，用户每次只需关注一个变量，这有助于培养他们的自信，进而增强对系统的信心。虽然这种树形结构的内容呈现方式需要用户点击更多次，但它降低了在操作过程中遗漏关键变量，导致必须从头开始的错误风险。

在我撰写本书的过程中，GOV.UK 网站上贸易关税工具的最终设计版本[8]体现了相似的设计理念，旨在帮助用户聚焦于自身问题，并通过自助服务提升自信（见图 5-2）。

与测试版相同，最终版的贸易关税工具在启动时会出现引导文案，概述其内容。粗体的页面标题清晰地指出了该工具可帮助用户完成的三项主要任务。额外的介绍有助于用户迅速捕捉到可能符合他们需求的关键词，如“关税减免”等。

随着用户逐渐深入使用该工具，排版的层次感使得他们的操作路径更加明晰，页面上未展示的内容也同样清晰：众多超级链接指向外部网站和相关脚注。用户可能需要的所有信息都被整合在同一页面上，通过页面布局和字体大小进行层次划分。[9]

GDS 是如何着手处理增值税这一广泛且复杂的议题的呢？用户可能希望在销售车辆时支付增值税、提交增值税申报表或确认增值税数额，也可能想要报告增值税欺诈行为。如果用户是残疾人，想要建造新房或为慈善活动的广告宣传做预算，他们可能也想知道是否有不同的规则适用。

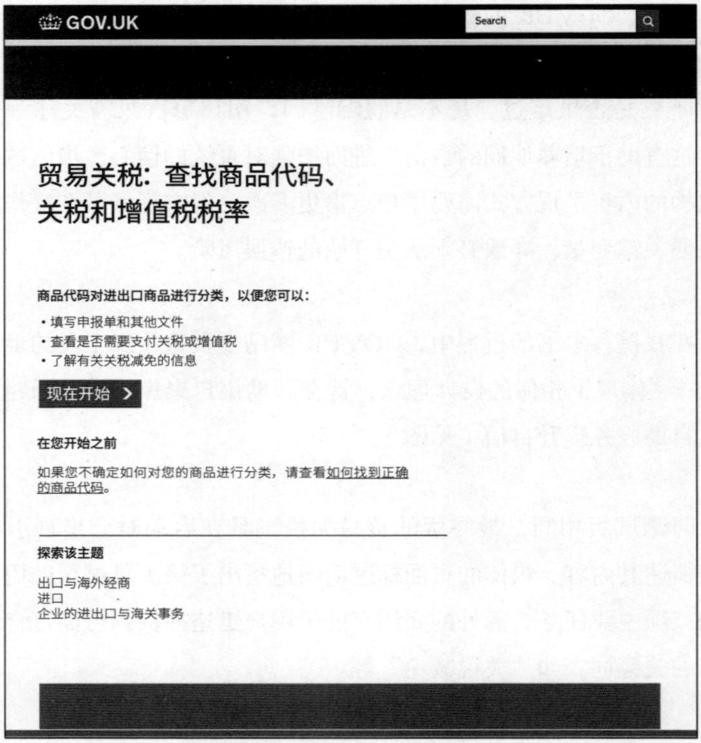

图 5-2　新版 GOV.UK 页面

新版 GOV.UK 上的贸易关税工具，仅需简单几步即可提供有价值的信息。

这些需求固然重要，但更常见、更简单的用户需求是核实标准增值税税率。理查兹解释说："这里的增值税率是 20%，而我们了解到，有 80% 对增值税存疑的用户其实只想得知这个数字。因此，我们将它置于页面中央，通过精准定位用户任务，实现在单一位置解答疑惑。"

若需更多信息，侧边栏链接将指引你查找增值税及其他税费的征收详情。主区域下方的文字简述了减税和免税政策的最少细节，采用简短的语句和简洁的**黑白表格**呈现。对于那 20% 的非核心用户，网站提供了广泛的分层内容以满足其需求，而这些细节并不会干扰到核心用户快速获取答案的体验（见图 5-3）。

该页面设计既简约又充分，满足了那些之前依赖 BBC 或其他来源快速获取权威信息的用户需求。相关信息虽未直接显示，但随时可获取，为用户带来一种宁静而有序的体验。与“美国测试厨房”相似，GOV.UK 通过表明附加信息，随时待命，来建立用户的信心，即便他们当前并不需要这些信息。信息的丰富性与条理性并存。

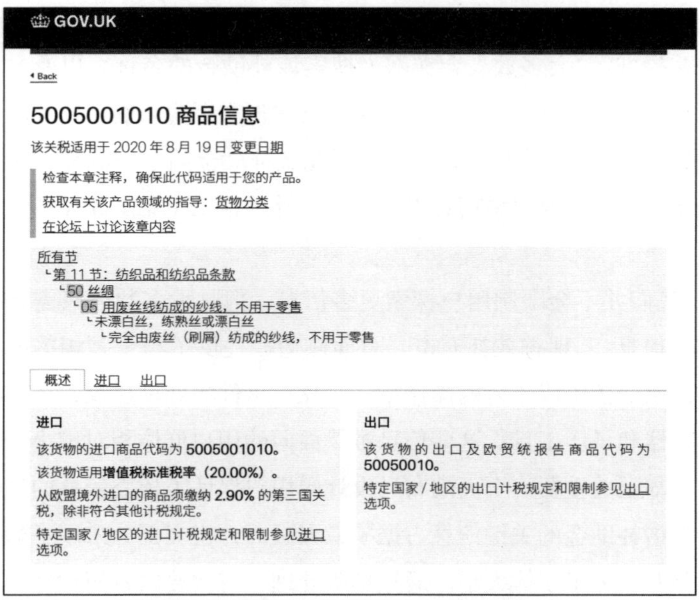

图 5-3　网站内关税相关业务查询页面

用户现可在单一页面上浏览并找到完成工作所需的所有信息。

理查兹描述道：“如今，用户可以清晰地看到内容的边界，从而判断何时已完整阅读完一个主题。”“边界”作为一个明确的参数，它展示了哪些主题在探讨范围之内，哪些主题或页面对于完成工作仅起到辅助作用或并非必读。理查兹继续道：“用户会说，‘噢，这就是我需要了解的全部内容。’他们的信心会因此增强，因为他们确信政府的标准信息都汇集在那一页上。”

对于更为复杂的内容，类似的精简原则和组织方式同样奏效，它们协助 GDS 聚焦于用户需求，进而帮助用户把握每个页面上最核心的信息。

儿童补助金是根据个人年收入，为儿童照料者提供的每月津贴。理查兹提到：“大多数人会在网上搜索该补助金的名称，以及‘如何申请’等类似关键词。我们就是基于这些搜索行为来确定任务的命名和边界的。”登录页上[10]详细阐述了儿童补助金的申请流程，包括如何提交申请、修改申请信息以及获取额外的帮助（见图 5-4）。

“我们并不会限制用户探索更多信息，但是大多数人只需掌握这些核心信息。”理查兹补充道。页面侧边栏提供了与主题相关的其他链接，比如孩子成年后的操作指南、死亡事件的处理建议，还有实用的计算器和日历工具。这些信息虽然面向的用户群体相对较小，但对其而言却至关重要。页面的布局设计向用户保证了核心信息的突出地位：申请补助金的关键信息占据了最大版面，正文部分采用了醒目的副标题并区分了字体大小。通过排版处理，将次要内容简约化，从而为用户营造一种内容全面、详尽的信任感。

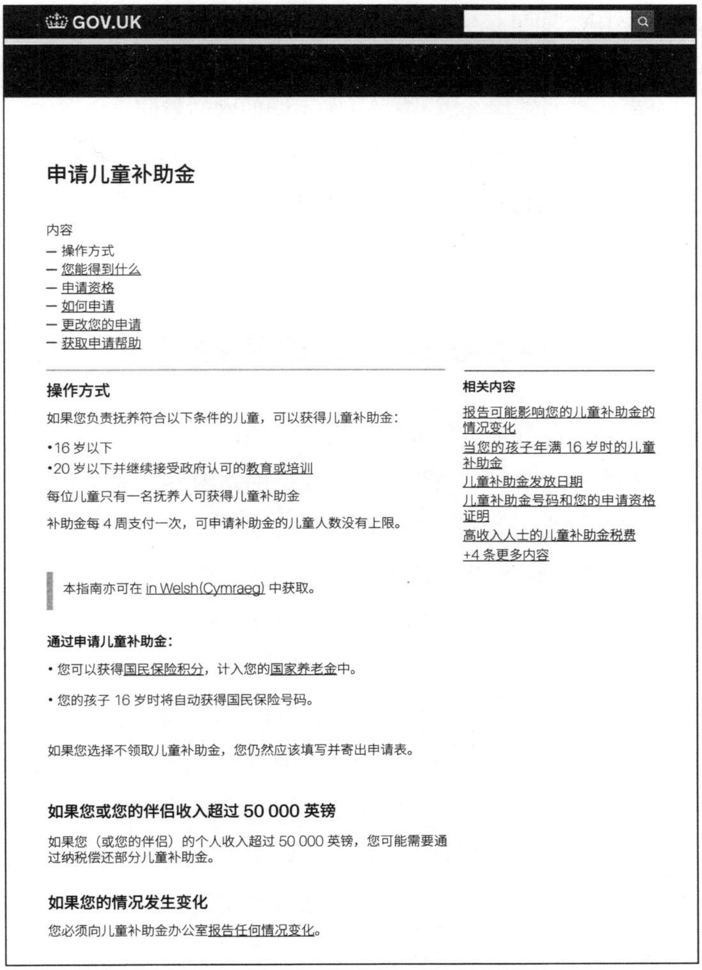

GOV.UK

申请儿童补助金

内容

— 操作方式
— 您能得到什么
— 申请资格
— 如何申请
— 更改您的申请
— 获取申请帮助

操作方式

如果您负责抚养符合以下条件的儿童，可以获得儿童补助金：

•16 岁以下
•20 岁以下并继续接受政府认可的教育或培训

每位儿童只有一名抚养人可获得儿童补助金

补助金每 4 周支付一次，可申请补助金的儿童人数没有上限。

本指南亦可在 in Welsh(Cymraeg) 中获取。

通过申请儿童补助金：

• 您可以获得国民保险积分，计入您的国家养老金中。

• 您的孩子 16 岁时将自动获得国民保险号码。

如果您选择不领取儿童补助金，您仍然应该填写并寄出申请表。

如果您或您的伴侣收入超过 50 000 英镑

如果您（或您的伴侣）的个人收入超过 50 000 英镑，您可能需要通过纳税偿还部分儿童补助金。

如果您的情况发生变化

您必须向儿童补助金办公室报告任何情况变化。

相关内容

报告可能影响您的儿童补助金的情况变化
当您的孩子年满 16 岁时的儿童补助金
儿童补助金发放日期
儿童补助金号码和您的申请资格证明
高收入人士的儿童补助金税费
+4 条更多内容

图 5-4　申请儿童补助金页面

GOV.UK 上的儿童补助金申领页面充分满足了大多数用户对该主题的主要需求。

“过去，人们常因信息量太大而感到困惑，甚至怀疑信息的完整性，因为他们不确定自己是否已阅读完全。”理查兹解释道。正如有些人会依赖 BBC 来获取某个主题的明确方向，他们同样会信赖 BBC，以获取全面信息。她继续道：“当 9 个不同的网站就同一主题的政府信息各执一词时，如内政部、副首相办公室、国防部、国际发展部等，公众往往会选择 BBC，因为 BBC 能为大家提供全方位的内容视角。”

删除不必要的细节，以表明完整性和权威性

每个版块前的导语文字能引导用户明确期望，并在后续内容中逐一满足这些期望。这种连贯性不仅增强了网站内容的持续一致性，也提升了用户的信心。此外，短页面设计有助于聚焦核心信息，每个页面只针对一个问题或给出一组答案。这一方法得益于理查兹对内容设计的新思考，她通过多种内容类型进行了实践验证。

“GDS 内容原则”[11] 中明确指出：“优质的内容设计应让用户能够简便、迅速地通过政府网站完成工作或找到所需，且采用最合适的可用内容格式。”这些格式，即内容类型，涵盖新闻稿、跨页面步骤指南、手册、表格和计算器等。那么，以往用于解释产假薪资计算方法的 6 篇文章，现在怎么样了？它们已被精简整合，以更高效的方式服务于用户。

如今，GOV.UK 上提供了一个特别的计算器，它通过一系列问题为用户提供个性化的解答。每个页面只提出一个问题，便于用户逐步回答。在使用前，网站会先列出一份简短清单，提醒用户准备好必要的材料信息，比如薪资、入职时间和预产期等。完成所有问题后，用

户就能获得一个详尽且客观的答案。

理查兹提到："很多人都觉得不可思议，原来解决问题可以这么简单。"然而，用户测试显示，这种简洁性在用户初次接触时可能会引起疑虑。因为信息简化有时会降低内容的权威感，特别是当用户已经习惯了政府部门的烦琐流程、医学信息的复杂表述，以及学术研究中的专业术语。

为了确保用户能够确信所获取信息的完整性和权威性，GDS 团队在用户中进行了广泛测试，涉及新设计元素、常规内容设计以及编辑的语言和风格。

理查兹回忆说："在我们针对新风格指南的首次测试中，有一位女士浏览了重写后的页面，她眯起眼睛，然后身体往后一靠，疑惑地问，'这真的是政府网页吗？'我们回答，'是的。''哦，我不信！'她说着，便去谷歌上搜索另一个页面，尽管我们已经在这个页面上提供了链接。那时我心想，'看来，我得恢复那种深奥难懂的措辞了！'"理查兹提到，虽然这只是个别用户的反馈，但在缺乏设计元素支撑的情况下，许多人在看到简化、直白的文案时，也有类似的反应。"我们听到不少人批评我们把内容简化得太过头，仿佛把用户当成了傻瓜，因为内容太易懂。但事实是，几乎没人能根据旧版网站上的信息采取实际行动。"

于是，团队重新调整策略，在更接近现实生活的情境中，结合页面设计这一语境，对内容和编辑的语言风格进行了测试。GDS 前设计主管本 · 特雷特（Ben Terrett）在每个页面的顶部设计了一道黑色横幅。横幅横穿整个页面，上面还带有一个白色的王冠图案。这种黑白色调的线性图形语言与整个网站的简约风格相得益彰，而王冠元素的加入则增添了一抹官方色彩。这种差异带来了显著的变化。理查兹提到："我们听到用户的反应从带着些许疑虑的'嗯，我能看懂那个'，转变为充满惊喜的'我能看懂那个！'。若非如此，用户对新内容，尤其是涉及金钱或福利的内容，往往会心存疑虑。因此，王冠元素对我们来说至关重要。"王冠不仅为文案增添了官方感，还使得那些更易于获取、更简洁的文案显得更加正式。

此外，排版方面的调整也提供了视觉上的引导，使得信息及其准确性更加易于接受。在 GOV.UK 的早期测试版本中，团队曾使用了三种不同大小的字体：Gill Sans（这是伦敦地铁通勤者熟悉的字体）、Helvetica 和 Georgia。为了满足有阅读障碍或其他视觉问题的用户的需求，团队致力于寻找一种全新的、更易于阅读的字体。

"经过多次尝试，我们最终选择了 Transport 字体，它在这方面表现最佳。"特雷特在 GDS 博客上这样写道。[12] 这种字体由乔克·金内尔（Jock Kinneir）和玛格丽特·卡尔弗特（Margaret Calvert）设计，专为英国国家高速公路和道路标识系统打造，自 1963 年开始使用。"他们耗费数年，在各种极端条件下测试那些标识的易读性，包括在雨中、夜晚、车辆高速行驶时。"特雷特阐述道。50 年后，GDS 团队再度与卡尔弗特携手，经过多轮迭代测试，力求创造出适合网络阅读的新字体。

"每当字体有所调整，我们的写作方式也需随之改变，"理查兹解释说，"若字体版本稍显宽粗、浓重，我们便会发现，在结束一个大段落前，无法连续写下超过四五个句子，否则会对视觉造成冲击。”这种冲击感过于强烈，已经不是 GOV.UK 为吸引用户所期望营造的氛围。“我们亦无法使用警示框，因为显得过于沉重，且与公众对政府的印象不符。那是一种简洁的英文字体，但观感就是不对劲。我们还曾尝试极为纤细的字体版本，结果却导致段落不得不拉长，”她继续道，“而且这样的字体又让人阅读起来备感吃力。”

对于希望在保持权威与尊严的同时，避免显得陈旧或过于烦琐的品牌来说，在内容与布局间找到恰当的“灰度”平衡至关重要。对于 GOV.UK 及众多信息型或事务型网站而言，文本即界面。

这种界面通过清晰的内容和恰当的视觉体验来赢得用户信任，二者共同为持续的成功创造机会。这种“持续的成功机会”是设计引导程序的另一种思路，也被称为阶梯式提问。它在心理上具有优势，可替代冗长的单一页面。在现今的许多事务处理中，用户需要回答一系列问题，每个问题都要有明确简单的答案，最终用户完成表格或深入探索，以获取针对个人情况的准确信息。这一过程中的每一步都是建立信任的机会：通过输入信息并顺利推进，用户对自身及准备工作更有信心，更广泛地说，对系统及其内容也更有信心。GOV.UK 重新赢得了用户以往只对外部资源才有的信任。政府机构鲜少能达到此类成就，但如 GOV.UK 的情况所示，重建信任是及时且必要的目标。

那么，“美国测试厨房”与 GOV.UK 之间真的有区别吗？尽管这两个组织存在巨大差异，话题焦点也截然不同，但若想吸引用户关注，它们都需要赢得信任并建立信心。

在用户体验设计中，为了确保交易顺畅，我们通常会避免在付款流程中设置障碍。然而，有些品牌如“美国测试厨房”或克拉奇菲尔德，它们销售的不只是产品，更是一种信心。这种信心可以通过增加接触点、页面、图片和实例来加强。GOV.UK 在指导用户填写表格时，同样在构建这种信心。但要为用户建立真正的自信，让用户能基于最新的、准确且可行的信息做出明智决策，并非信息“越多越好”。过多的信息反而会让用户感到疲惫。在涉及财务、健康和公民权益的重要决策时，用户需要的是信息的完整性和确定性。

GDS“政府设计原则”中的第 8 条原则是：“聚焦数字服务，而非一堆网站。”该原则进一步阐释了服务的本质：

> 服务就是要帮助人们完成某项任务。我们的核心任务是深入洞察用户需求，并据此构建出切合的服务。虽然其中多数以网页形式呈现，但我们的终极目标并非单纯建站。数字与现实必须紧密相连，因此，服务的每个环节都需精心考量，确保它们能共同满足用户的深层需求。[13]

若您的目标是打造助人服务，而非仅提供内容平台，那么，当用户研究和反馈显示他们能自信地采取行动时，这便是服务细节充足的明证。**当细节足够丰富，能够为用户描绘出完整画卷，引导他们果断行动并自我肯定时，你便已成功提供了“充分”的信息。**此刻，用户能够明确达成既定目标，或是自信掌握最新动态，抑或是熟知如何烘焙出令人难忘的蛋糕，甚至具备申请应得经济补助的必备知识。在此情境下，信息的完整性远比全面性来得更为重要。毕竟，现实证明，没有人拥有充裕时间或浓厚兴趣去进行全面研究。

Trustworthy

第 6 章

让信息超越事实，激发行动

人们所相信的，

即是真相。

喜剧演员约翰·穆拉尼（John Mulaney）在其喜剧特辑《俊小伙儿》（*Kid Gorgeous*）[1] 中开玩笑说："准确并不等同于有趣。"他表达的意思是，那些令人分心的琐碎细节并不关键，而这句话对于所有致力于激发受众理解信息并据此行动的人来说，都是宝贵的经验之谈。在某些情况下，我们需要精简细节，以便人们能更清晰地把握全局，从而做出明智的决策。**抽象化概念往往最能忠实反映原始概念。抽象过程旨在保持对原始概念的忠实，同时对信息进行改造，包括信息简化以及在"源材料"与受众之间的信息转换。**

抽象化有助于组织摆脱繁杂细节，提供更实用、更可靠的信息。有时，我们需要将信息转换为特定格式，或置于能促使受众行动的语境中。有时信息过于详细会失去效用，或过于关注不重要的细节。如穆拉尼所言，这样的信息虽准确却无趣。还有些情况下，人们难以将具体案例与自身联系起来，从而无法理解该如何运用信息。好的建议常常淹没在琐碎细节中。接下来，我们将探讨抽象化如何助力我们忠实地传达真相，这里的"忠实"指的是信息的新版本对现实的反映程度。

你是否会精简叙述、略去某些细节，以突出信息的核心来吸引读者？你是否会调整情境，使例子更贴切并引起受众共鸣？或者，你是否会采用更通俗的格式重组细节，以掌控信息，确保受众不被杂音所扰？有效的沟通通过筛选现实世界的信息来给人们赋能。作为设计师、文案或营销人员，你能让用户充满信心地采取行动。通过抽象化现实，我们可以使关键信息在受众那里更实用、更与他们相关。无论用户是在查看治疗方案、选票还是地图，这种实用性都是信息设计的基础。在陈述事实与避免干扰之间找到平衡，你就能以更实用、更便捷、更可信的信息为受众赋能。

索福克勒斯曾言："人们所相信的东西压倒了真相。"[2] 如今，或许可以更确切地说，人们所相信的东西即是真相。真实性源于个人的经验与感知，它并不等同于信仰、现实。设计，则是连接现实与真实性的桥梁。

所有都是真的，即使它们并没有发生

抽象化赋予我们行动的信心，使我们不被细节所困。文案创作者与设计师有时会简化细节，或凝练细微差异，旨在达成一个更有益的目标：让人们能够轻松理解并采取行动。以地图为例，有时要为了传递真实性而简化现实中的细节。

斯坦福大学设计思维讲师克里斯蒂娜·沃特克（Christina Wodtke）曾言："所有地图都是有用的谎言。"她解释说："地图的初衷是帮助人们导航，从一个地方移动到另一个地方。但如果地图上详尽地标注了每一家餐馆、每一条车道和小径，那么它就变得太复杂了，以致失去了导航的功能。”过于详尽的地图反而无用。因此，地图上会省略绘图者或互动式地图的用户认为不重要的细节。车道与小径依然存在于现实之中，只是未在地图上被明确标注。有些地图上会对某些细节进行放大，以突显其重要性。还有一些地图上，制图员调整了元素间的关系，以满足用户更为核心的需求。地图不仅要实用，还要便于用户使用，甚至应该让人过目难忘。简而言之，地图需与用户的思维方式相契合。

信息架构领域的先驱理查德·索尔·沃尔曼（Richard Saul Wurman）曾设计过一幅描绘东京两条主要地铁线路的地图，该地图与传统的地图模型形成了有趣的对比。[3] 在这幅地图中，环形的山手线如同标准的城市交通系统地图环绕着城市，而中央—总武线则横穿其中，将环线一分为二。值得注意的是，在现实中，这两条线路在向东延伸的过程中会逐渐偏向北方，形成一个转折点。然而，在沃尔曼的地图中，这个转折点被刻意省略了，同时环线的尺寸也被相应地放大了。尽管这样的处理使得地图与实际情况有所出入，却大大提高了地图的实用性。那么，这些改动在地图设计中是否重要呢？

“在地下行进时，乘客不必知道列车的每个转角，”沃特克指出，“这并非关键信息。沃尔曼以阴阳图为基础，构建了地铁的概念模型。当那些了解阴阳图的用户查看沃尔曼的地图时，便能更新对地铁系统的认知框架。”沃尔曼的这一选择颇具深意，因为他的模型能协助游客记忆车站之间的联系，并感知大致距离，从而提升他们出行的信心，相信自己可以更方便地行动。

然而，任何模型都难免有局限性。传播理论家保罗·瓦兹拉维克（Paul Watzlawick）曾说过，交流是不可避免的。[4]此模型或许对西方游客很实用，但在其他人看来，阴阳图一旦脱离其二元论的内涵，它可能就只是一种简化了的东方文化符号。

“思维方式对于人们获取和记忆新知至关重要。”沃特克补充道。在培养个体学习自主性和对自我教育能力的信心方面，思维过程不可或缺。

当我们对某些想法进行抽象化和提炼，提升其吸引力、可理解度和记忆性之后，这些想法的影响力就会显著增强。沃特克将此过程比作她的“教学三连胜”。通过这一方法，我们能够消除由琐碎细节和复杂难题引发的困扰。TED大会的宗旨是推广“值得分享的思想”，而抽象化与简化信息无疑是实现这一目标的关键。“看看那些信息模因，”沃特克指出，“它们都是小巧且易于描绘的模式，因此能迅速传播。它们非常简洁，你可以在与上司交谈时，随手拿起白板笔轻松写出来。”这些概念因其极强的简洁性，能迅速且准确地被描绘与传播，而在整个过程中，信息也都能保证完整无损（见图6-1）。

地图设计便是一个关于抽象伦理的生动范例，它成功缩短了繁杂现实与可操作事实之间的距离。在某些情况下，信息过于繁杂反而会导致行动受阻。

“信息焦虑是数据与知识之间的盲区。当信息无法满足我们的求知需求时，这种焦虑便会产生。”沃尔曼曾写道。[5]地图有助于缓解一些人的信息焦虑。它不仅指明我们的所在，还告诉我们可去之处以及前往目的地的途径。地图通过简化现实信息、省略部分细节以提升实用性，这种平衡有助于缓解焦虑。要知道，焦虑可是自信的天敌。然而，这是否足以增强我们对信息来源的信心，进而产生信任感呢？

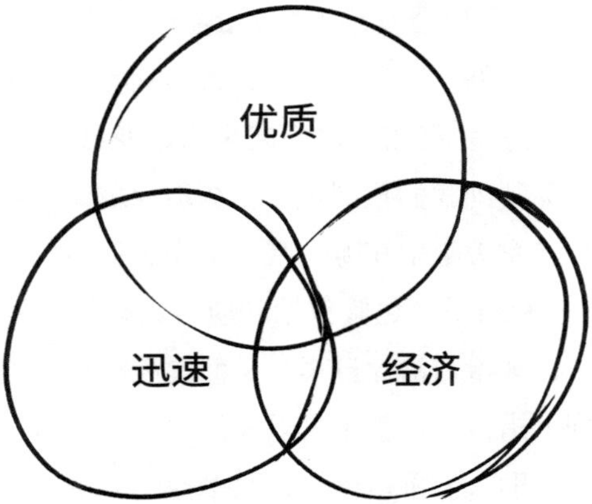

图 6-1　三个信息模因

无论是向客户转述客户经理有关“优质、迅速、经济，三者选其二”的观点，还是根据马斯洛需求层次理论来评估成熟度，某些概念因其简洁性而易于快速被勾勒，并且信息在复述过程中都不会丢失。

抽象到可以采取行动为止

第 3 章介绍过“癌症工作表”的设计者阿普丽尔·斯塔尔。她解释说：“当你被海量信息淹没而不知所措，尤其是在你深受打击的时候，癌症工作表能帮你筛选出关键信息。”有时，信息可能因为过于繁杂而失去效用，尤其是当它们来自四面八方且缺乏明确的重要性排序时。癌症工作表有效解决了患者在治疗过程中的信息管理问题。它为患者及其家属提供了一个明确的对话框架和后续行动指南。特别是在面对众多专家的不同医嘱、大量化验结果，以及好心的朋友们和一些支持组织提供的海量建议时，患者及其家属很容易迷失方向。

斯塔尔指出："人们会发来无数的链接，让我们查看各种信息资源，但这样其实并不好。这种做法会让人感到无所适从！一个人在深受打击的状态下更容易犯错。这听起来可能很残酷，但事实就是如此。而工作表则能帮助我们找到重点。在震惊之中，我们的视野会变得狭窄。应该把注意力集中在哪里呢？工作表就为我们提供了关键要点。"通过掌握诊断结果、化验数据和应对策略等必要信息，患者及其家属能够更积极地参与治疗过程，从而提高治疗效果。初步诊断结果往往令人感到无措，但这款工具以极简的方式，用一页纸就整合了所有关键信息，帮助人们重拾信心，赋予他们力量。

对于急性病和重大疾病患者而言，能够参与决策过程是至关重要的，这能带给他们极大的肯定。癌症工作表通过精简和提炼信息，使患者及其家属能够在短时间内更积极地参与治疗过程，并在长期内对治疗和预后有更全面、更深入的理解。它就像一张详尽的地图，为人们指明当前位置、可行路径以及到达目的地的方式。

抽象化有助于我们迅速把握整体情况，进而激发更自信的行动。多年来，CliffsNotes 学习指南一直深受美国和加拿大学生的信赖，其中涵盖了从尼日利亚作家钦努阿·阿契贝（Chinua Achebe）到法国作家爱弥尔·左拉（Émile Zola）等众多作家的作品概要。尽管这些指南旨在作为原始材料的补充，但在一些关键时刻，比如论文提交截止日前，它们往往成为学生简化信息、提高效率的替代选择。在这种情况下，经过总结的信息能为学生提供有力支持。学生们信赖这些分析，并据此自信地形成自己的观点。

抽象化为人们提供自我教育和学习的工具，不仅能让人们获取知识，更能培养他们的自信心。抽象化能够提升概念层次，使人们基于信息采取行动，而不受细节限制。**通过适度抽象化知识，既不过于简化也不沉溺于琐碎细节，人们可以在理解的基础上建立起对流程、服务或组织的信心。**当人们掌握原理后，细节变得不再重要，而内化的原理将持续产生深远影响：成功孕育信任。

言之成理，但要留出关联的共鸣空间

抽象化还有一个优势，那就是通过减少细节，使传达的关键信息更为合理且可信。优秀的叙述者会提供足够多的细节以明确表达意图，同时确保这些细节与受众有足够大的关联性。基于共同经验的同理心促使我们将叙述者的讲述与自身经历相联系，促进理解。正如沃特克所言："故事是出色的音频地图。"故事有助于我们集中注意力、促进理解并辅助记忆，也使我们能够将新信息与已有概念相融合。在更基础的层面上，隐喻也起到类似作用。隐喻提供简洁的思维方式，让人们能够将信息与个人经历、已知事物相联系。比如"这个项目就像过山车一样"，这样的形容表达了一项任务的进程起起伏伏。哪怕项目团队的成员中没有一个人去过游乐场，也不阻碍相关人员理解这句话的意思。再比如说"那次演讲真是一场长途跋涉"，这句话令人联想到一个人在泥泞不堪的徒步路上艰难前行，或者是冬天在满是雪泥的人行道上行走。尽管当下在场的所有人都安然地坐在椅子上，大家也都能理解其意。过于关注细节远不如直抒胸臆："那次演讲太累人了，进行得很艰难，度秒如年！你真幸运，因为你不用坐在那儿。"

删除分散注意力的细节后，受众的同理心将填补细节的空白，增强信息的价值。同理心不只是极简设计或简洁书写的副产品，它更是一种核心要素，是通往信任的"特洛伊木马"。在传达信息时，给受众留出空间，让他们将个人记忆融入其中，这样信息对他们来说会更有关联性，也就变得更有价值了。例如，房地产经纪人展示房屋时，会精心选择细节来呈现普遍经验，同时去除妨碍买家想象自己置身其中的部分，以此激发买家的同理心并促成交易——像是摆放一些吸引人的风景画装饰，把房屋原来住户的个人生活照收起来，或者保留那些有助于买家联想到偏好风格的家具、软装以及足够大的储藏空间。

抽象化不同于简单的泛化。在传达信息时，务必保留那些能够体现核心概念和事实的关键细节，因为这些细节是受众将接收到的信息与自身生活建立联系的桥梁。尽管插图和故事性描述无法替代数据，但它们确实有助于我们理解更宏大的概念。当我们基于个人经历对这些概念产生共鸣时，便会激发出一种熟悉感，而在熟悉的基础上获取新知识会让人觉得更加安心。我们依赖数据，但我们更信任人类。因此，通过分享具体且恰当的细节，你能够将真相和信息的要点建立在受众熟知的概念之上，从而赢得他们的信任，让他们产生兴趣。

然而，当图像或其他信息内容过于关注琐碎的细节时，受众可能会失去对整体概念的把握。以爱彼迎公司为例，他们在早期的房源介绍视频中提供了过多的细节。他们不遗余力地搜集了网站访问者在搜索查询中关注的所有特征，如吹风机、现场洗衣房等，并且过于热心地展示了每一个细节。但实际上，这些细节完全可以通过简洁的清单来呈现，无须过度渲染。这样的房源介绍视频虽然制作上乘、内容专业，但过于精细的脚本和丰富的细节却给人一种不够真实的感觉。视频中的信息虽然丰富，却显得有些过于营销化，反而让房源失去了真实的魅力。

爱彼迎前设计部主管肖恩·斯普罗基特（Shawn Sprockett）就指出，爱彼迎早期的视频有一分钟长，反映了客户经常查询的关键词，这些视频虽然精美，但过于侧重营销，反而让人产生距离感。这些视频中虽然主动回答了潜在客户可能提出的问题，但过于完美的展示却让人难以了解到房源的真实面貌。斯普罗基特还补充说，这些视频缺乏真实感，无法体现出房东对自己房源的热情和自豪。这种过于精雕细琢的展示方式反而让潜在客户和房主感到不安，产生防御心理，甚至可能因此转向其他房源或租赁网站。

“新版的视频看起来更加真实。”斯普罗基特补充道。房主在拍摄时，更侧重于他们认为重要的细节，而没有严格遵循爱彼迎提供的格式指南或关键词建议。“我们现在不再撰写固定的脚本，而是鼓励大家用自己的话语来回答问题。”爱彼迎放弃了专业的摄影技巧，或者至少说，不再追求那种专业摄影所特有的精致感了，他们不再特意提醒房主要用横屏来拍摄，而是鼓励房主像大多数摄影新手那样，自然地竖着握住相机或手机进行拍摄。“我们的拍摄方式，从原先那种横屏的电影式手法转变为了竖屏拍摄，就像 Snapchat 上的视频那样。”斯普罗基特解释道。这样的转变，或许会让一些专业摄影师感到不适，但它更好地迎合了那些只想随手捕捉瞬间、拍摄简短视频的非专业人士的习惯。这种方式更接地气，也更容易引起受众的共鸣。斯普罗基特还强调:“真实性有助于建立信任，我们绝不想削弱这一目标。”这些视频更多地展现了房主的热情好客，不再只是有关客户搜索查询的内容。

从横屏到竖屏的转变，暗示着视频制作者或品牌方的价值观可能与那些不太关注细节的受众更为契合，他们或许更偏爱 Snapchat 的随性而非专业视频的精致感。爱彼迎通过转移焦点，让某些细节自然流露，从而塑造出更年轻、更适合数字原住民的品牌形象。在这样的视频中，真实性是建立在一种巧妙营造的轻松氛围之上的。

斯普罗基特提醒道:“我们从未刻意让任何事物显得不完美。但我们意识到，设计师眼中的完美可能会阻碍受众产生共鸣。”通过精心调整摄影和内容创作的细节，爱彼迎为潜在客户提供了更加实用、亲切的体验。

帮助旅行者更好地融入目的地，这始终是爱彼迎的核心使命之一。若你渴望在千篇一律的连锁酒店之外，探寻更为真实的旅途体验，爱彼迎将为你提供理想的寄宿家庭选择。在这里，你能够与当地房主深入交流，享受到如家般的温馨与舒适。爱彼迎精心打造每一处细节，比如在宣传视频中融入房主的声音与风格，旨在确保其内容呈现不会干扰房客对房主的价值主张的关注。

“民主是一道设计上的难题。其解决之道，在于通过设计来确保选民的真实意愿得以体现。”美国的公民设计中心（Center for Civic Design）是如此阐释的。[6] 选民的意愿，即确保选票能够准确反映并统计选民选择的过程，常常因后勤问题、选举权的剥夺，以及混乱且自相矛盾的沟通而受到干扰。这些问题进一步加剧了维护和传达选举安全性的难度，而选举安全性正是维持选民对选举过程信任度的基石。然而，更多细节信息的提供和更精准的交流，并不总是能够带来更多的理解、信任或参与。

“我们绝不需要政府的暴政！”公民设计中心的主任惠特妮・奎森伯里（Whitney Quesenbery）坚定地说。该组织认为，应避免使用“你的选票必须在选举日晚上 8 点之前提交”的措辞，而应改为“请在选举日晚上 8 点之前提交您的选票”。奎森伯里表示：“这样的表述仍具官方性，但语气更为友善，不会显得盛气凌人。”她负责监督该组织的项目，致力于为美国各地的选举工作研究和设计最佳实践方案，涵盖了加利福尼亚州的《选民权利法案》、邮寄选票表格和投票系统等。她所提及的修改后的“官方性”，指的是减少政府文本中精确的技术性用语以增强对话感，这就需要将一些细节简化，同时将其他一些细节融入具体语境。

“表格中必须使用像‘居住地’这样的术语。”奎森伯里解释道，但她认为可以将这种词放在更通俗的语境中，“比如我们还可以问：‘你住在哪里（居住地址）？’或者问：‘你的法定居住地在哪里？’”与 NHS 简化语言的工作类似，对选民登记表中的专业术语进行解释，将官方语言转化为易于理解的表述，这有助于更好地满足选民需求。

当日选民登记制度[①]不仅涉及专业术语，而且具有一定的复杂性。对于错过选民登记截止日期或需要更新选民登记信息的公民，这

① 美国大选投票期间，选民可在投票站现场进行选民登记并投票。——编者注

一制度允许他们仍可进行投票，其选票将在县选举办公室完成选民登记核实程序后一并计算。在加利福尼亚州，这一制度的正式名称是“有条件选民登记”，虽然程序简单，但想要详细说明的话会很复杂。复杂的解释性细节可能会让选民望而却步，让他们犹豫这样投票是否值得。但其实内部程序是固定的，不需要复杂的细节。

根据公民设计中心的指导，加利福尼亚州有关当日选民登记的信息不再以“有条件选民登记”的标签和解释性语句作为开头，而只是在常见问题解答中解释细节。奎森伯里说：“重点不在于这种做法的叫法，而在于加利福尼亚州提供了这种服务，告诉人们如何使用它。”

过多的细节有时会给本来就充满疑问的程序带来更多问号，但是，针对程序轻描淡写的措辞又会破坏选民的信心。科罗拉多州阿拉珀霍县（Arapahoe）在 2015 年的美国大选中，首次允许选民在家投票。纸质选票附带票根，上面印有二维码，以确保每位选民根据其是否在海外、是否需要提供身份证明或有否其他要求，获得正确的选票包。选民在返还选票时，应撕掉票根以保障信息私密，但多数人并未照做。“‘撕掉票根’的指示会让人们误以为这是在鼓励他们使选票失效。”奎森伯里解释道。有的选民致电办事处，担忧自己的选票会被标记、识别出来或取消资格。简单的措辞反而造成了人们的困惑。

“我们尝试用平实的语言，却适得其反！”阿拉珀霍县选举和记录代表珍妮弗·莫雷尔（Jennifer Morrell）说，“我州选票全部邮寄。根据选举情况，超过九成的登记选民会选择邮寄选票，其余选民则选择当日登记或投票。对我们来说，影响效率的一环是人工开封选票。工作人员会收到一个装有 100 个信封的托盘，他们需要从每个信封中抽取保密封套，然后从保密封套中取出选票。在此过程中，必须确保选票上没有污渍等痕迹，以免影响扫描。之后，工作人员还需撕掉每张选票的票根。”该县原本希望通过要求选民自行撕掉票根来简化流程。因为撕票根的动作不仅拖慢了整个处理过程，而且撕下的票根会堆积在垃圾箱中，导致办公室里纸屑纷飞。莫雷尔指出：“工作人员在处理选票时，需要将票根的齿孔部分反复折叠，然后小心翼翼地撕下。如果能缩短处理每张选票的时间，将会大大提高工作效率。毕竟工作人员需要处理的选票数量高达 40 万张，这是一个相当庞大的数字！”

然而，在 2016 年 6 月的初选中，尽管该县在选票上添加了大写的提醒文本：“致选民：请撕掉此选票的票根。”结果却适得其反，收到了更多带着票根的选票。莫雷尔说：“这引起了选民的疑虑和担忧，许多人致电热线询问这是否存在某种阴谋。”他们甚至怀疑有人试图破坏选票的保密性。尽管这项举措简化了行政流程，但在许多选民眼中却显得颇为可疑。

“与奎森伯里沟通后，我们决定增加说明性文字和理由。为了增添些许趣味，我们还决定在票根上印上‘我已投票’的贴纸图案，因为邮寄投票的选民并不会收到这样的贴纸。”莫雷尔接着说道。到了 2016 年 11 月美国大选时，选票上的内容已经详尽不少。文案对二维码如何将投票材料与特定选民相连接的问题进行了简明扼要的解释，同时也阐述了邮寄流程的提速之处。更重要的是，它也触及了二维码的本质及其重要性。票根上明确写着：“此票根上的二维码旨在确保每位选民都能收到正确的选票。您可以在寄回选票前撕掉此票根，从而帮助选举工作人员更快地计票。”（见图 6-2）当投票环节启动时，几乎所有的票根都已被撕去。

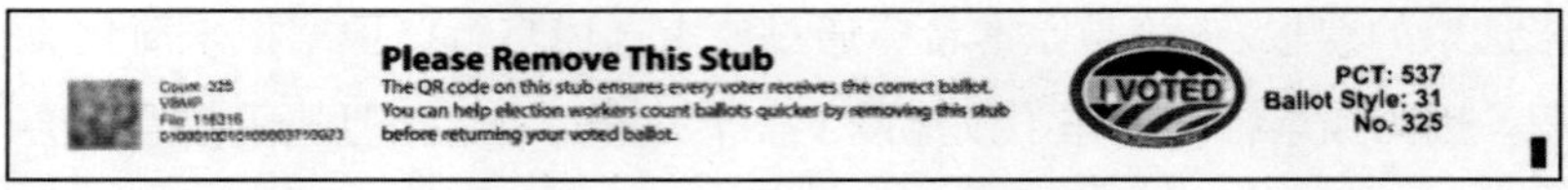

图 6-2 2016 年 11 月更新后的选票

2016 年 11 月，阿拉珀霍县的选票包最终版上面的指示条解释了二维码的用途以及选民在投票前需要撕掉票根的原因。

“你们需要知道提供给选民什么内容，才能让他们相信你们给出的信息。”莫雷尔对她的公民设计中心团队这样强调。选民需要了解的是信息背后的“为什么”，而不仅仅是“如何去做”，这有助于他们构建更为明确的认知框架，进而更好地理解选举流程。这样的深入理解将提升选民对于选举体系的信任，从而使他们能够更自信地基于信息采取行动。

增强熟悉度，以保持信心

沃尔曼曾以人们熟知的图符标示出一张东京地图。这个例子启示我们可以将信息抽象化，使其更易理解。将信息置于受众更为熟悉的语境或格式中，也就更能吸引受众的注意力。熟悉的格式能让受众更关注信息本身，因为他们对有关格式已习以为常。此外，当受众已经信任某种结构时，该结构所提供的新信息便能通过关联性获得更多的信任。

亚历山德拉·钱德勒便巧妙地运用了一种令人高度熟悉的结构，

以简化复杂问题，从而在工作场合中传递富有情感色彩和政治争议的信息。[7] 她在 2006 年接受了变性手术，成为美国海军情报局首位公开跨性别身份的工作人员。她曾任两年的民用情报分析员，主要负责大规模杀伤性武器的问题，随后晋升为海上防扩散司司长，为美国国防部效力长达 10 余年。在她的情报员职业生涯中，她以出色的业绩、备受赞誉的领导力和团队高昂的士气而闻名。然而，这一切的成就都离不开在熟悉语境下的抽象化沟通。

在钱德勒公开自己的性别认同，并宣布将以女性身份出现在工作场合后，流言很快在她的部门中传开。“在一次关于海军绩效工资制度的员工大会上，有一个公开提问环节。”她回忆道，“突然间，有人问起是否允许‘变装皇后’使用洗手间。”

尽管钱德勒当时正坐在办公桌前忙碌，但她也在远程参会，这个问题立刻引起了她的注意。“我能感觉到同事们悄悄地走到我身后，将手放在我肩上以示支持，”她回忆说，“我听到了指挥官的回答。他解释说，我是一名模范员工，他了解并尊重我，而且我正在接受手术。‘是的，她可以使用洗手间。’他斩钉截铁地说，‘这关乎我们如何照顾好我们的员工，关乎海军的勇气、承诺和使命价值观。我已下达了相关命令，这是最终决定。’”他的信息简明扼要，建立在持续一致的共同价值观之上——这也正是钱德勒交流计划的体现。

“在我变性期间，我的解释始终保持一致。不论对方的军衔如何，我都会注意让他们听到的故事保持一致。”她阐述道，“每个人都听到了相同的细节：‘这是一个医疗流程，我一直在服用激素。’我希望遵循这一原则，以避免任何混淆。”钱德勒担心，即便是支持她的同事也可能会忧虑她的变性对他们带来的影响。“如果人们担心这一过程会给他们带来困扰，比如今天要记住这个名字，明天又要记住另一个名字，或者担心这会在我们的工作场合引发混乱，那么我就想确保每个人都遵循相同的剧本。因此，面对任何提问，我总是以同等的信息量来回答。我为我从一开始就打算使用的语言设定了标准。”

她在向团队进行口头和书面汇报时所采用的语言风格及细节密度，与情报简报和信息备忘录高度一致。这种结构对她的听众而言既熟悉又可靠。他们习惯于从中获取具体信息：下一步行动的时间节点、负责人、信息获取渠道及汇报流程。钱德勒也以同样的方式公开了自己的变性信息，她发布了一份名为“隔间 T”的简报。

她解释说：“我并没有将我的计划打造成一件情报文件，没有使用分类标记等复杂方式，但我确实提供了一份详尽的风险评估。我向管理层详细阐述了我的变性计划，包括各个关键时间点和预期进展。简报遵循了执行摘要的结构，涵盖了已知事实、待评估事项，以及我们的具体需求。”借助这种广为人知的格式，她详尽地阐述了自己可能需要的沟通支持，并分析了这一决定在与保守派决策者的关系方面的潜在影响。

钱德勒在 2018 年世界信息架构日波士顿站的演讲中说道：“当我们谈论性别时，它往往承载着许多关于人生经历的预设。因此，当你公开自己的性别认同时，不仅是提供了新信息，实际上也在要求人们将原本归类在 A 盒子中的个体放入 B 盒子！”她解释了当传递新信息和让人们重新思考新信息背景下的组织时将面临的挑战。这场在 2 月寒风中进行的演讲，听众大多深谙复杂数据的管理之道，却鲜少了解军事文化、变性与情报安全交织的复杂性。

“在个人生活情境中展示自己的性别认同，通常是通过讲故事和诉诸情感以及共同的联系来完成的。‘你一直觉得自己像是个女人吗？我也是，现在我要让自己与这种感觉保持一致！’然后你会谈论接下来会发生什么、何时开始使用那些代词。这就是我们在个人生活中所做的事情。”钱德勒向听众说道。

“但在专业环境中展示自己的性别认同是不同的。在情报界，尤其是情报界中的军事组织，这样做会给任何试图让利益相关者参与敏感信息的组织带来共同的挑战，也就是有关信息需要保持一致性、清晰性，并且需要多人来管理其发布过程。

“我尝试根据我们身处的环境来构建我的叙事方式。”钱德勒阐述道，“在情报界，我们常提及‘隔间’，它指的是那些敏感且被隔离的信息。因此我将我的简报命名为‘隔间 T’，这里的 T 代表变性人（transgender）。这样，即便在办公室闲聊时，我也能简便地使用这个简称。当需要与上层领导讨论此事时，我不希望仅限于表达个人感受。因此，我撰写了一份‘信息备忘录’，并附上了一份 POAM，即‘行动与里程碑计划书’（Plan of Action and Milestones）。我们邀请同事参加‘保密阅读会’，就像接触新机密情报时的授权流程。”每位参会者都会收到一封带有编号的信件，团队以处理情报的标准进行讨论：所有信息均已呈现，接下来，我们该如何保护这些信息？

“那是 2006 年，我唯一能让身份过渡顺利推进的方式，就是与上级达成共识，不将此事公开，而各级领导层也同样不希望它公开。我只想继续做好本职工作。于是我们将这件事置于一个人们熟悉的框架下进行保护。情报界常讨论信息可披露范围：哪些内容可以向哪些合作伙伴公开？如何对待外国合作方？如何向五角大楼的政治任命官员汇报？由谁、在何时、以何种方式告知他们？简报材料又该由谁准备？还有标准操作流程：我的邮箱何时变更？名牌何时更换？这就是'隔间 T'涉及的内容。"

熟悉的框架有助于管理受众的期待，使各类信息都能获得更好的接收效果。选择大家熟知的格式，可以减少分散注意力或引发焦虑的概率。在将信息抽象化以更好地服务于受众时，我们需要谨慎地将其融入熟悉的结构、风格和格式中。

钱德勒在信息备忘录上并未使用简报中常见的印章和图形；她既不想刻意讨好同事，也不愿损害信息的严肃性。然而，通过简化细节，以事实和人们熟悉的语境来呈现，她成功地让她的故事更具实用性。她的团队对她的沟通方式充满信心，并表示不会因她的性别转变而感到震惊。他们清楚何时能期待特定问题的答案，并且在一个性别议题往往被回避或禁止讨论的时代，对自主获取信息的能力也充满信心。钱德勒在展现整体情况和核心概念的同时，将不必要或无关的个人细节进行抽象化处理，从而在向不同受众传达核心信息时保持了极高的准确性。

无论是设计地图、交流敏感信息，还是规划旅行，关键在于对细节的把握——真相的揭示就依赖于我们提炼细节的能力。适量的细节能够确保受众信服你的故事，并将其与自身的需求相联系。地图制作者、表单设计师和故事讲述者深思熟虑过后，对信息进行省略，使受众聚焦于核心要点。熟悉的结构还能为受众减轻围绕新话题或敏感话题的认知负担。理解这些抽象化原则后，我们可以筛选、排序并简化信息，以便受众据此采取行动，同时令他们确信这些信息与我们的原意相符。

信息的相关性和忠实性能够令人们对内容、工具、专家和组织产生信任。无论是偏爱的新闻网站、产品评测平台，还是总能为我们推荐美食的友人，我们信任的是那些提供有用且准确的信息的来源。**如果说信息就是力量，那是因为我们对自身知识的信心激发了信任感。**

Trustworthy
品牌发声的关键

1. 人类信任人类。通过用第一人称说话，你可以提醒人们，在内容和品牌的背后是人。
2. 在长与短、详细与抽象之间，简洁明了始终是核心。
3. 对受众细致地展示必要的信息，这不是利他主义行为，而是为了让支持者更有信心，从而提升购买率和满意度。
4. 给予受众“信息已足够”的信号，将他们从无尽的信息流中挽救出来。
5. 找到只有你才能满足的需求和解决的问题，将它们作为内容策略的核心。
6. 精心选择省略的内容，让受众始终聚焦核心要点。

Trustworthy

第三部分

脆弱性

从错误中产生共鸣与力量

How the smartest brands
beat cynicism and bridge the trust gap

Trustworthy
导读

拥抱脆弱性，在谦逊中不断成长

脆弱性源于为追求更大回报而甘愿承担风险所带来的不确定性。当你在冒着可能受批评的风险，寻求建立社群以实现自我提升、获得社群支持或与志同道合者建立联系时，你的品牌就展现出了脆弱性。

在遭遇失误、丑闻或其他不利事件后，你的品牌形象会变得更加脆弱。此时，你需要通过提高透明度、承担责任和展现风度来努力恢复。虽然可能会面临公众的鄙视和更多批评，但你可以通过展现谦逊的态度，重新赢得信任和忠诚。

明智的组织会以谦逊的态度抓住机遇，以开放的心态倾听他人的意见和批评，而且不仅限于倾听，还会将这些反馈融入实践。你应该精心设计业务和沟通方式，以便接纳和运用这些反馈。

这种公开性可能会让人感到不适，甚至暴露弱点。在征求受众意见时，初创企业可能会公开自己无法回答的问题，暴露自己愿景中的不足；科学家通过分享正在进行的研究，承认了自己知识的局限性。然而，这种对脆弱性的自我展示并非软弱。**脆弱性是一种力量，它以谦逊为基石，被视为实现更高目标、进步和成长的机会。**

展示脆弱性意味着放弃稳妥的选择，使我们和我们的组织面临挑战，并且更有可能获得更大回报。那么，如果人人都是批评者，或者反馈的信息阻碍了进步呢？那些愿意拥抱脆弱性的品牌，会与批评者和客户携手共进，在谦逊中不断成长。它们愿意牺牲信息发布速度，以换取一个知识丰富、投入度高的社群的支持。

Trustworthy

第 7 章

与社群协作创造，赢得忠诚

当我们摒弃对完美的追求，

用户才会想起被完美遮挡住的

品牌的人性面。

成功的企业主和营销者之所以能走得更远，是因为他们懂得与社群并肩作战。他们通过展现脆弱性和开放性的交流，从社群中汲取智慧。品牌价值并非仅仅源自独立的天才设计，而是需要社群的参与和共创。如果你认同“形式追随功能”的理念，那么首先要做的就是满足用户的需求、提供实用的功能。为了让产品更好地服务于社群，你必须让社群参与其中。**只有展现脆弱性，你才能走出“象牙塔”，从幕后走到台前，吸引用户提出宝贵意见，而不仅仅是鼓励他们发表评论或分享体验。**这需要你具备坚定的目标感，勇于公开那些对组织至关重要但可能引发争议的观点。而一个更加忠诚、参与度更高的社群，将是对这种风险的最好回报。

要让组织充分展现自我，必须保持足够的开放与坦诚：明确自身所知、所需及所信。受众将深入了解你的品牌、品牌的不足乃至一切。无须担忧失去尊重，只要行事得当，你的品牌将传递并收获尊重。人们将在与你及你的品牌共创的成果中，看到更真实的自我。

独行快，众行远。

如今，社群为这句格言赋予了新的内涵：若想行稳致远，必须谦逊前行。要迈向正确方向、怀揣清晰愿景与目标，就须虚心接纳他人的智慧与意见。谦逊使我们更强大，也让组织、品牌及政府机构更加坚不可摧。

打破“第四道墙”，主动迎合受众的需求

《纽约时报》正努力打破“第四道墙”，围绕其标志性的富有人文关怀的报道，构建一个受众积极参与的社群。作为国家级的权威媒体及获普利策奖次数最多的媒体机构，《纽约时报》致力于为读者提供信息，培养他们对世界的深刻同情与理解。若想真实而精准地叙述一个故事，《纽约时报》深知，读者的参与和信息供给至关重要。

在营销领域，关于生产者与消费者的关系，许多人仍持有传统的观点：组织产出内容，而受众则消费这些内容。社交媒体虽然为围绕内容的互动提供了更多可能，但很多时候，它仅仅增加了品牌的工作负担。除了内容创作，品牌还需应对评论，即便在字数和平台限制之下也是如此。那么，如果组织能够真正打破无形的“第四道墙”，让受众从单纯的内容评论者转变为内容创作者，情况又将如何呢？

《纽约时报》在报道芝加哥的种族主义相关问题时，便尝试了这种协作式的内容创作方式。*Race / Related* 是《纽约时报》针对种族议题推出的特别时事通讯栏目，涵盖了报道、评论、投票以及艺术作品。当这一栏目将焦点转向芝加哥时，最终呈现的内容不仅服务于报道对象，更是在报道对象的引导下得以成形。

“借助 *Race / Related*，我们建立了一种反馈循环。”该项目的视觉编辑安东尼奥·德·卢卡（Antonio de Luca）解释道，“我们向公众抛出问题，再将他们的回答反馈回去，让他们看到自己的声音得到了回应。随后，我们根据这些问题撰写了相关报道。”该栏目不仅将公众进一步的反馈意见融入特色评论中，还持续进行读者调查，以明确报道的焦点，并确保报道方式与受众建立良好关系。“这一过程有助于公众理解，我们共同置身于同一对话体系中。”德·卢卡解释道。

这样的“对话”代表了一种交流方式，它依托情境展开，目的不仅在于报告事实，更在于深入挖掘下去，以获得更深层次的理解。这正是许多品牌所追求的有意义、信息丰富的对话，通常通过焦点小组等正式渠道来实现。《纽约时报》的实践证明，协作式创作既能吸引受众，也能培养以产品为核心的社群意识，进而创造出更为全面的报道模式。

德·卢卡阐述了不断发展的对话如何帮助公众理解，《纽约时报》并非单向传递信息，而是希望通过征求公众的意见并与他们交流，来展现更广阔的图景。“或许，通过这项工作，公众能看到他们彼此之间也能展开对话。”他指出。这是一个崇高的目标，对于一款致力于深入剖析美国种族状况的产品来说，确实如此。

创建安全的输入空间和勇敢的共建空间

《纽约时报》通过“连字符－国家”项目，展现了更为开放的立场：它不仅仅是通过与社群共同创作来倾听和报道，更重要的是，它成为一个传递受众和报道对象声音的渠道。

德·卢卡解释道："'连字符 - 国家'项目揭示了这个国家的移民构成情况。移民们来到这里，互相融合成为更加多元化的个体。"该项目着重展现了这样一群美国公民的故事——他们努力地去理解这个有时赞美、有时又妖魔化移民经验的国家。通过一系列视频，配合乔希·科克伦（Josh Cochran）潦草却极富感染力的插图风格，生动地呈现了众多以第一人称讲述的关于美国人身份认同的故事。

德·卢卡进一步指出："我们运用插图来营造这样一种感觉，那就是这些人正在分享他们自己的回忆，而这些讲述超越了时间的限制，也无关人们看待事物的方式。《纽约时报》很好地映射了纽约市的特质：自由多元，且永远在变化之中。"粗犷的线条、拼贴式构图与适度的精确性，共同营造出一种亲切而熟悉的感觉。

手工元素的视觉风格，作为人类创造力的一种展示，有效激发了更多人的参与热情。事实上，"连字符 - 国家"中的丰富内容，大多源自读者的热情推荐。德·卢卡分享道："人们纷纷发来自拍视频，分享身为日裔美国人、阿富汗裔美国人等的个人感悟。"团队甚至保留了用户提交内容中的打字错误。这种不加修饰的原始呈现，增加了内容的脆弱性，却也进一步吸引了更多人的参与和理解。"当我们摒弃对完美的追求之后，用户才会想起被完美遮挡住的品牌的人性面。这就是同理心与参与的力量，也是我们所追求的社群精神。"

为了建立社群，《纽约时报》选择展现脆弱的一面，坦诚面对知识上的不足，积极寻求合作，并打造一个亲切的交流论坛。该报借鉴了残障人士行动主义的口号，致力于实现“关于我们的决定，必须有我们的参与”的目标。他们首先认识到员工在文化认知上的局限性，进而努力将读者置于报道的核心位置，以创造更有深度的对话和内涵更丰富的产品。在内容创作过程中，他们避免做出任何可能影响读者的决策，除非在这些决策中，有可能会受影响的读者也参与进来。为实现这一目标，团队采取了一种谦逊、坦诚的态度来推动新闻工作和各类用户体验设计，并承认出于他们个人的经历，不代表自己就能理解报道对象的经历。此外，他们还意识到编辑的傲慢态度可能会掩盖一个更大的问题，也就是团队的知识和个人经验可能会阻碍他们了解对受众而言真正重要的主题是什么。在认清这两大挑战后，《纽约时报》选择放开自己，倾听来自采访编辑之外的声音，谦逊地承认自身世界观的局限性，从而更广泛地理解这个世界。

同理心和参与，这才是社群

对于硅谷那些专为富有的男性解决问题的初创公司而言，保持谦逊并汲取社群意见，这或许能成为它们的竞争优势。这种独特性正是“设计思维”的魅力所在，而这一理念和方法深受设计咨询公司 IDEO 的推崇。许多公司在追求设计思维时，都视其为一种即插即用的差异化策略：只需要用重视创意、用户需求和发散性思维的态度，取代原有的流程、预算和历史包袱，团队便能更高效地解决问题。勇敢地打破常规吧，年轻人！

然而，优秀的设计思维需要时间和精力的投入。“这需要系统性思考：要认识到任何问题都是更大一个整体的一部分，而想要提出解决方案，就需要理解整个系统。”设计研究人员唐·诺曼（Don Norman）在2010年的文章《设计思维：一个有用的神话》[1]中如此写道。但在实际操作中，受敏捷方法论①和产品需快速推向市场的影响，设计思维往往难以得到充分体现。

在那些肤浅地实践设计思维的公司里，这一过程缺乏严谨性、体验深度和为第一步奠定坚实基础所需的时间投入。团队或许能创造性地、有效地解决问题，但这些问题可能并不是真正需要去解决的。唯有与受众建立相互尊重的关系，品牌才能准确理解需要解决什么问题。

关系和社群的建立，耗时又需要展现脆弱性。即便是资金雄厚的初创公司，这种能力也往往捉襟见肘。除此之外，品牌还必须勇于展现真实的自我，包括自然地发声、表达政治立场，以及让客户深入了解公司愿景和产品规划。这样的做法或许会让部分受众感到疏远，甚至可能面临媒体的冷嘲热讽或公众的愤怒抵制。**舍弃空洞冷漠的超然姿态，以更具人情味和激情的态度面对受众，品牌能够与核心受众建立更为深厚的关系。**品牌要想真正建立同理心，不能仅依靠用户研究或表面的咨询互动，而应深入社群，直接体验受众的真实感受。

同理心在以用户为中心的设计中是一个被随意频繁使用的流行词。设计师和研究人员常以此作为与品牌驱动设计的传统策略相区分的标志。但作为品牌，平等地关注用户需求、向用户销售产品，并不

① 一种以人为中心迭代和增量的项目管理方法，强调灵活性和客户满意度。最初是为软件开发而创建的，现已广泛应用于各种行业。——编者注

意味着就必须对用户抱有同情。事实上，这种观念可能反而体现了另一种傲慢。

“我受不了‘同理心’这个词。”癌症工作表的设计者阿普丽尔·斯塔尔，学生时代就读于卡内基梅隆大学设计学院，钻研全球顶尖的本科设计课程，专攻设计思维和以用户为中心的设计。她的职业生涯起步于 E-Lab 公司，从事用户研究工作，之后她不仅在摩托罗拉公司指导了项目体验研究，更在 IDEO 公司领导多个项目，并成功打造出人因工程学社群。她还曾在伊利诺伊理工大学设计学院教授服务设计和用户研究课程。她的所有专业与学术经验，都深深植根于一个信念：同理心是用户研究的根本。

然而，生活中的一次沉重打击，让斯塔尔对同理心有了更深一层的理解。她发现，尽管疾病、死亡和悲痛是普遍存在的，但每个逝去的患者及其遗属所经历的一切都是独一无二的，无法被他人完全理解。“没有人能够真正对我产生同理心，即使当我听到其他人的经历时感到难过，那也不算是真正的同理心，因为他们失去的是属于他们个人的。”她坦言。

因此，斯塔尔认为设计师在谈论同理心时，有时可能显得过于轻率。她强调：“我们不可能什么都知道，但我们能通过一些方式来提供帮助。”

同情心驱使我们伸出援手，并非因为我们能真正洞悉他人的感受，而是源于我们对他人的尊重与欣赏。而同理心则是一种努力，努力尝试去理解他人的独特经历，而非简单地将自己的经验套用到他人身上。对于营销人员而言，要想对背景各异的受众都做到怀抱同理心，确实是一项难以完成的任务，稍有不慎，便可能陷入自以为是的误区。然而，我们始终可以秉持尊重、关怀与谦逊的态度去接触受众，以期更深入地理解他们的需求。

在 *Race / Related* 栏目和“连字符 - 国家”项目中,《纽约时报》的团队便展现了这样的姿态。他们为受众不同的声音搭建了一个平台，通过设计亲切且令人安心的工具和视觉语言，鼓励大家畅所欲言。同样的，斯塔尔也借助癌症工作表创建了一个相似的空间，她邀请人们分享自己的故事，促进患者与医疗工作者之间的交流，并推动更多的患者参与这个过程。

“设计界有些人声称，只需一个小时的观察便能对用户产生同理心，这未免太过自负。真正的同理心，应该是让用户亲身参与到设计过程中，共同感受与体验。”斯塔尔说道。她对设计从业者的寄语，对医生也同样适用，因为医生也是通过全方位治疗患者来解决问题的。这同样是一种系统思维，只不过是在人体层面上。当患者参与到自己的医疗保健过程中时，他们将获得一种更加贴心、更有支持感的体验，他们也不再仅仅是服务的被动接受者——那种服务可能无法完全满足他们的特殊需求和深层目标。

投入时间去建立社群，通过打破生产者与消费者之间的传统界限，让你的读者、消费者、用户或客户更加贴近你。这样做或许会暴露你的不足和知识的欠缺。但是，比起因为带着不合适或含糊不清的解决方案进入市场而可能付出的代价，放下自负和掌控权，显然是更明智的选择。

展示自己并敢冒风险，回报不可估量

品牌还可以通过积极展示主动性，以及在社会事业上率先行动来建立社群。当然，这样做有可能使原本较为保守的品牌变得政治化。但是，通过明确自己的定位，确定自己支持什么、拥护什么，品牌可以吸引一个更广泛、更忠诚的社群。这个社群不仅被产品所吸引，更是被品牌的政治立场所吸引。

2016 年，Penzeys Spices 公司就选择了走出销售混合胡椒粉等厨房基础产品的舒适区，明确表达了公司在种族主义、婚姻平等、枪支安全和移民政策上的政治观点。Penzeys Spices 强调烹饪是对爱、社群和文化的表达。烹饪不仅仅是准备一日三餐，它涉及蔬菜、肉类和各种碳水化合物的使用，而这些都与人类迁徙、来自战争地区的香料，以及其他与政治息息相关的话题紧密相连。在这种背景下，美国最大的独立香料零售商比尔·彭齐（Bill Penzey）借公司平台发声，倡导包括移民友好政策在内的多项议题，并呼吁大家支持对移民更友好的美国总统候选人入驻白宫。

彭齐长期以来在其公司的香料产品目录中融入个人观点，支持教育事业，反对体育和媒体领域中出现的种族主义。2016 年美国总统大选后，他更是将讨论的话题扩展到更广泛的领域，通过电子邮件和 Facebook 向客户和粉丝传达“共和党公然接受种族主义”的立场。[2] 该帖子一周内被分享超过 4 000 次，随着粉丝群体的扩大，他的观点和信息得以迅速传播。

与此同时，Penzeys Spices 公司在其总部所在地威斯康星州的最大竞争对手则选择了另一条路。香料屋公司（The Spice House）的掌门人帕蒂·埃尔德（Patty Erd）和汤姆·埃尔德（Tom Erd）夫妇，以及彭齐的亲属，提供了一种“与政治无关”的折扣优惠码。“我和我的丈夫始终谨慎行事，避免将政治或个人观点带入我们的香料事业，因为这些观点在这里并不受欢迎。”帕蒂在帖子中这样写道。这一立场展现出的距离感和特权，是那些受歧视性政策影响的人无法体会的。因此，声称远离政治本身，其实就是一种政治表态。如今，家庭厨师们在选择他们支持的社群时，方向更加明确了。

Penzeys Spices 公司的积极行动对其社群产生了显著影响，但这样做并非没有风险。彭齐在美国大选后发出的电子邮件，导致公司的客户数量下滑了 3%。然而，在线销售额却飙升了 50% 以上。[3] 越来越多的人转发他的帖子，这些人视自己为这场运动的一部分，并通过下单来支持公司，尽管他们可能并不亲自下厨。

Penzeys Spices 公司的积极行动虽然让公司损失了一部分市场份额，但培育了一个忠实的社群，这一点从创纪录的销售额中便可见一斑（见图 7-1）。

通过采取这种具有争议的冒险行动，该公司为其支持者社群提供了一个安全地讨论政治观点的平台。而且，它并不孤单。在过去的几年里，公众对品牌积极行动的支持率一直居高不下。全球战略集团（Global Strategy Group）的年度商业和政治研究报告始终显示，约 80% 的受访者认同品牌应积极地参与社会行动。[4]“在政治和社会问题上采取行动的公司将获得回报，而那些不采取行动的公司则会受到市场的惩罚。”2019 年的研究报告显示，态度中立的品牌往往被公众认为“不值得信任”。超过 60% 的受访者特别支持企业在移民改革问题上明确表态。

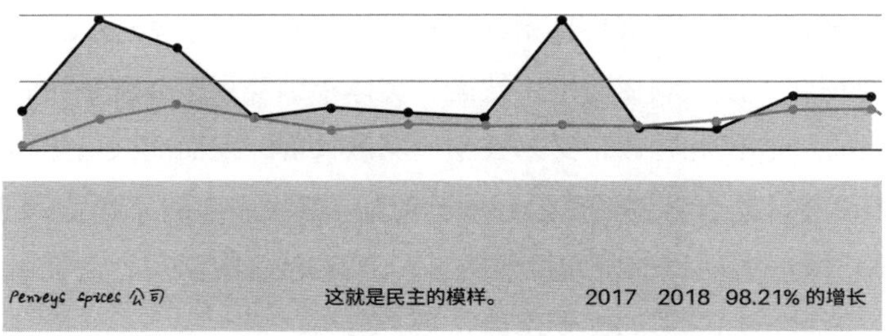

图 7-1　Penzeys Spices 公司 2017—2018 年销售额增长情况

下方曲线代表 2017 年销售额，起伏相对平稳。上方的山峦状曲线代表 2018 年销售额，起伏更为显著，带动了 Penzeys Spices 公司销售额 98.2% 的增长。这些峰值出现在该品牌发布最受欢迎的政治性内容帖子之后。

社群对于品牌而言是一个强大的工具，它可以让品牌分享自身的运营原则或深层信仰。虽然这种类型的参与既耗时又需要品牌愿意展现脆弱的一面，但它体现了对积极参与的消费者和品牌粉丝的尊重。像《纽约时报》这样的组织建立社群，旨在打造一种更丰富、更具代表性，且对人们有明确价值的产品。

他们的作品精妙地将“有用、可用和可取”的用户体验融为一体，这一理念是由参与式设计的早期倡导者莉兹·桑德斯（Liz Sanders）[5] 在 30 多年前提出的。通过让报道对象塑造报道焦点，并引入更多声音，《纽约时报》的新闻报道变得更为生动。同时，它也利用自身的影响力拓宽了值得关注的故事范围。思考一下，在你的组织中，承认知识缺口、拓展研究范围，并让潜在用户参与创造过程，这样展现的脆弱性不仅能帮你打造出更符合用户需求的产品，还能使这些需求在更广泛的行业领域中得到认可。

验证各种视角的合理性是社群建设的基石。对于 Penzeys Spices、巴塔哥尼亚、澳大利亚航空、达能、美体小铺等众多品牌来说，积极支持环保、移民和种族正义，并不会驱散社群，反而能吸引更多人加入。2018 年，整合营销传播公司爱德曼的“赢得人心的品牌”（Edelman Earned Brand）项目的研究报告指出，全球 64% 的消费者会根据品牌在社会或政治问题上的立场来选择是否购买。[6]

这种活动并不仅限于一年一度的捐款。对许多消费者来说，他们购买的品牌仅在每年 10 月以提高乳腺癌防治意识的名义“粉红营销”①是不够的。实际上，这种短暂而表面的支持行动可能会引发愤怒，导致客户流失。消费者的反应表明，他们更想了解推动组织及其领导者前进的深层激情。比如，当澳大利亚航空、澳新银行和澳大利亚澳式足球联盟等组织倡导澳大利亚的婚姻平等时，那些以中立名义退出社群的品牌面临着更大的反弹风险。库珀啤酒厂（Coopers Brewery）曾尝试在广告中采用轻松、“超越纷争”的视角，避免涉及政治。然而，他们的中立态度却遭到了酒吧的抵制。直到它公开支持澳大利亚的婚姻平等，才改变了这一局面。[7]尽管隐藏组织的政治和人文观点还是可以激发社群的热情，但这种方式可能无法实现品牌期望的目标和发展。

---

① 批判性术语，指企业、组织或个人等通过表面支持某些社会议题来掩盖其真实存在的歧视、剥削等行为，以此提升自身形象或谋取利益。——编者注

对于封闭的组织来说，面对社会问题时采用秘密流程、保持沉默，可能会带来无法预知的风险。虽然躲避可以保护组织免受批评，但同时也无法使其享受社群带来的好处。**否认弱点反而可能暴露另一种脆弱性，导致被有紧迫担忧的受众忽视和抛弃。相反，以开放的态度吸引受众，展示真实的自己，才能与他们共同进步。**

Trustworthy

第 8 章

保持坦诚，以找到力量

脆弱性不仅是

高明的营销策略，

也是对基本沟通技巧的

深刻回归。

对一个品牌来说，率先行动是有风险的，但承认不足并寻求帮助对脆弱性的阈值要求更高。当公司遇到问题时，员工、批评者和客户都会要求解释和问责。这种对脆弱性的描述是否让你感到痛苦而熟悉？在经历错误、挫折甚至灾难之后，组织的脆弱性达到顶峰。此时，外界的指责无论是铺天盖地还是精准打击，都无关紧要。关键在于组织如何回应这些挑战。是选择重蹈覆辙，还是抓住机遇、实现自我革新？

不少公司在犯错后会选择逃避或加倍犯错。例如，有的 CEO 因轻率言论导致公司陷入支持歧视性立法或漠视安全法规的争议。若它选择忽视问题，寄希望于负面新闻随时间消逝，那将大错特错。只要不承认错误、不道歉、不改正行为，问题就会持续发酵。最终，它们将失去客户和市场份额，并遭受公众的鄙视。然而，受到鄙视并不能让它们吸取教训。

相比之下，有些组织能从错误中汲取力量，实现自我提升。它们勇敢地面对批评，自我审视，坦诚地暴露失败，并展示愈合与成长的过程。这种公开透明的做法不仅赢得了公众的尊重，更为组织带来了宝贵的经验教训。我们应当从这些令人钦佩的案例中汲取智慧，学会在困境中寻找机遇，实现自我超越。

接下来，我们将探讨如何积极面对风险、承担责任并与社群紧密相连，从而以更强大的力量和更深厚的信任从错误中崛起。

停止寻找确定性，拥抱风险

2020 年新冠疫情的发生，为我们就如何从失败与恐惧的废墟中寻觅机遇的问题，提供了深刻的教训。尽管许多政府与公共卫生官员纷纷发出警告，但在 2020 年 1 月和 2 月期间，面对日益严峻的疫情威胁，美国联邦政府却未能提供明确的信息、指导或领导。随着各州和地方社区开始报告社区传播的情况，美国联邦政府提供的指导却自相矛盾，频繁撤回细节信息，并且对受到大流行影响的人们缺乏同情。

截至 2020 年 3 月 15 日，华盛顿州、加利福尼亚州、纽约州和马萨诸塞州的州长已经下令关闭学校、酒吧和餐馆。他们建议或要求公民居家隔离、保持社交距离。商场、游乐场和健身房也纷纷关闭。然而，在佛罗里达州，海滩仍然开放，吸引了大量的春假游客。该州对旅游业的执着进一步暴露了其对威胁的轻视，也凸显了由白宫发出的混乱信息所导致的地方各自为政的问题。

令人遗憾的是，白宫未能借鉴其他国家的宝贵经验，也未能积极倡导公民保持社交距离或要求居家隔离。3 月 16 日，时任美国总统没有颁布许多州支持的更具体的强制措施，只是建议人们“避免10 人以上的聚集”“远离酒吧、餐馆和美食区，并尽可能减少出行”，但并未提出更坚决的要求。[1]

旧金山湾区的情况则有所不同。2 月 28 日，圣克拉拉县公共卫生部主任萨拉·科迪博士在新闻发布会上，就新冠病毒的传播途径给出了具体建议：“请避免触摸自己的脸部，因为当你触摸自己的嘴、鼻子或眼睛时，病毒极易传播。”[2] 然而，在发言过程中，她无意识地举起手指放到嘴边，这一小失误迅速被传播并受到嘲笑，但也引起了公众对防疫挑战的关注。那时，科迪博士已为圣克拉拉县制定了一个月的应对方案，该方案后来被证实是行动和交流的成功典范。

正如科迪博士在 1 月 31 日的新闻发布会上所述，新冠病毒已在美国出现。[3] 圣克拉拉县，从帕洛阿尔托至吉尔罗伊（Gilroy）一带，已确认出现湾区首例新冠病毒病例。科迪博士明确阐述了她的观点，并分享了有关病毒传播方式的最新信息，为焦虑的公众提供了简洁实用的建议。

要在公共领导中赢得信任，需在谨慎与决断间找到平衡。若行动迟缓以等待更多信息，可能会危及公共卫生，并让公众丧失紧迫感。然而，行动过快则可能犯错或引发恐慌。行动过于温和可能削弱公众对问题的重视，而过于严厉则可能引发公众嘲笑。在美国联邦政府缺乏响应与指导的情况下，科迪博士勇敢地面对全球疫情与政府混乱的双重挑战。她已开始做出艰难抉择。她禁止了节日庆祝活动、关闭了学校，并要求民众在家办公。公众集会也受到了严格管控。为了确保集体智慧能够集中应对这一挑战，她与法律和公共卫生部门的同仁进行了紧密沟通。

3 月 16 日，科迪博士携手来自 7 个县的同仁，共同发布了全国首个居家隔离指令。[4] 几天后，加利福尼亚州州长加文 · 纽瑟姆（Gavin Newsom）将该指令推广至全州。[5]

科迪博士在接受《水星新闻》（*The Mercury News*）[6] 采访时提到："你需要深入了解你的团队成员，建立深厚的信任关系。除非团队成员之间非常信任彼此，否则行动无法变得迅速有效。我们的团队就具备这样的信任基础。我以前并未意识到这有多么难能可贵，但事实证明，这确实非常特别。它让我们能够灵活应对、坦诚相待，并发挥出色的领导力。"在重压之下，缺乏领导力的孤立团队往往举步维艰，甚至可能崩溃。然而，若能在平静时期就学会沟通与建立跨部门的信任，那么当危机来临或需要做出高风险决策时，你的团队就能迅速且团结一致地采取行动。

"我们必须勇于面对风险，并果断行动。"在谈及保持社交距离、企业停业和居家隔离等限制性措施时，科迪博士如此说道。面对疫情，她没有逃避责任，而是果断采取了行动，以拉平疫情曲线，从而延缓了疫情对公共卫生系统的巨大冲击。虽然她的大胆行动掩盖了理性且深思熟虑的决策过程，但湾区公共卫生部门那平稳而清晰的声音展现了这一切。与此相反，其他政治人物则更倾向于指责社区对居家隔离令的漠视。特朗普及其白宫团队会与记者公开争论，并回避具体细节的讨论。

科迪博士在新闻发布会和公共交流中，以其独特的语调为医护人员、患者、护理人员、小企业主及家长们提供了持续一致的实用信息，表现出了亲切的同理心。“我会考虑到居住在我们县的人，”她在接受《水星新闻》采访时说道，“那些经营小企业的人，那些生活在边缘的人。我会思考我所做的每一个决定会对他们的个人生活和工作带来怎样的深远影响。”正是这份同理心，而非大声咆哮或陈词滥调，为她赢得了公众的信任和尊重。这足以引起人们的关注，并让湾区的疫情曲线开始趋于平缓。

在形势瞬息万变、需要迅速沟通的情况下，人们往往更倾向于等待，直到方向和细节变得明确、稳定、无可争议时再采取行动。这种做法确实稳妥。然而，公共卫生领域却无法提供这种确定性、安全性和距离感。在这种情况下，领导力就意味着要从经验中汲取教训，勇敢地面对脆弱性，挑战风险，并展开一种允许犯错和接纳未知数的对话。

阿普丽尔·斯塔尔的癌症工作表就为未知数留下了一定的空间。现代医学的所有流程并不总能提供所有答案，无论是对患者还是医生而言。“确诊癌症的那一刻，你立刻就会感到无力。”她解释道，“你的所有力量仿佛被瞬间夺走。当你拿到癌症诊断报告时，很难不立刻联想到死亡。你可能会想：‘我手足无措，不知如何是好。’周围全是陌生面孔，你从未与他们有过交集。也许，你从未接触过肿瘤科医生，对未知充满恐惧。”肿瘤学的复杂性意味着，即便是医生，也无法总是洞悉一切。但医生若能开诚布公地与患者及家属探讨这些“已知的未知”，信任便开始悄然生根。

许多医生不习惯袒露自己的知识盲区，或是承认并非所有问题都有答案。然而，他们的这种坦诚，却能帮助患者更加信赖医疗过程，对医护团队给予更多的理解与耐心。“这就像是项目规划，”斯塔尔解释道，“虽然未来的方向并不总是明晰，但我们仍可以设立里程碑。医生们常这样做，却鲜少与患者分享。”癌症工作表的出现，方便了医生和患者分享阶段性里程碑，确保每个人掌握相同的信息，都能满怀信心地参与到决策过程中。这种参与感，既简单又珍贵。

接受问责，让你的受众产生共鸣

当错误发生时，围绕未知展开的对话同样能为维持信任奠定坚实的基础。受控风险保险公司（CRICO）为哈佛大学所有医疗机构提供保险服务，覆盖了近 30 家医院和大量医疗人员。在过去的十几年里，CRICO 在医生对待医疗错误的态度方面引领了文化变革，鼓励医生进行坦诚的对话，而非逃避责任。[7]

研究发现，当医疗保健提供者主动承担责任并道歉时，无论是否真的涉及疏忽，医生和患者都能更满意地解决问题，避免长时间的诉讼。在 CRICO 的播客《患者安全事项更新》一期名为《外科医生和错误披露》的节目中[8]，华盛顿大学医学、医学史和伦理学副教授托马斯·加拉格尔（Thomas Gallagher）博士[9]指出：“外科医生在解释医疗事实方面表现出色，但在主动承担责任、道歉或向患者说明如何防止错误再次发生的方面，他们面临困难。所有这些结论均源自先前研究中患者的反馈，他们告知了我们这些方面和信息类型的重要性。”

展现脆弱性，如承担责任、致以歉意、描述行为改进的步骤，这

确实需要实践，但这种实践是每个人和组织都能习得与实施的技能。脆弱性不仅仅是高明的营销策略，更是对基本沟通技巧的深刻回归。

当我们勇敢地正视问题，即便在尚未掌握全部信息的情况下，我们也会展现出最深的脆弱。在医疗失误或人为错误面前，使用第一人称和简洁的语言是最基本的诚意表达。“我犯了错，对不起。”——这样的话语有何不可？又怎么会损害信任呢？“对于发生的事情，我们深感遗憾。”——要从对患者的同理心出发，首先得承认他们的感受是合理的。

“医生通常会对患者抱有同理心。”加拉格尔博士的合著者之一、多伦多大学医患交流研究员和医学系主任温迪·莱文森（Wendy Levinson）博士说道[10]，她也在 CRICO 的播客节目中发表了自己的见解，“医生能看到患者的悲伤，但除非医生明确表达，否则患者怎会知晓医生的同理心呢？”

用简单而具体的话语表达：“我理解这让你感到迷茫。我能想象你此刻的痛苦。”我们可以传递关怀，并放弃那些令人不适的对话，尤其是当这样做有助于抚慰受伤的心灵，同时也能帮助我们改进工作方法和实践时。

Antsy Labs，让交流跟上变化和犯错误的速度

以改进工作的承诺来回应失败，并不意味着要沉溺于某种固执而盲目乐观的虚幻希望中，但明智的组织会从错误中看到成长的机会。

在 Kickstarter 平台上，快速变化与随之而来的学习是众多品牌的常态。Kickstarter 是公开推出产品原型的地方，它毫不掩饰地展示了品牌发展过程中的所有问题。减压骰子（Fidget Cube），这款手掌大小的乙烯基办公桌玩具，便是这一过程的产物。

这是一个立方体形状的手持玩具，装备了摇杆开关、滑轮、会发出咔嗒声的按钮、滚动齿轮以及旋转拨号盘，非常适合那些难以集中注意力、患有注意缺陷与多动障碍的学生，或是任何神经紧张的人。2016 年夏天，Antsy Labs 公司为这款减压骰子发起了众筹项目，并承诺在圣诞节前将产品送至客户手中。在这个过程中，公司与客户携手选定了产品颜色，与供应商签订了合同，启动了生产流程，并实施了质量控制。

Antsy Labs 的创始人——马修（Matthew）和马克·麦克拉克伦（Mark McLachlan）兄弟，是这款减压骰子的设计者。他们在众筹活动中表示："我们并非初次参与此类竞技。过去，我们已经成功运营过多个 Kickstarter 项目，并从中汲取了许多经验。虽然我们始终关注设计、原型制作和生产规划等细节，但事情总有可能出现意外。如果生产时间、发货日期或其他环节出现延误，我们会与大家保持开放沟通，并会全力以赴，直至问题解决。"[11] 这一承诺后来被证明是非常明智的。

2016 年 12 月 7 日，Antsy Labs 向众筹项目的赞助者发布了一条带有 GIF 图片的更新消息：产品将在不到 10 天内，即下周周末之前开始发货。"根据发货时间、收货地点以及赞助者的编号，虽然产品会在 12 月发出，但派送日期可能会晚于 25 日。"[12] 项目团队提醒道。

因此，大家或许需要重新考虑是否要将它作为圣诞礼物了。对于那些希望把减压骰子放进圣诞袜的赞助者，公司提供了“一些可下载的作为礼物的产品图片”。这条消息虽然可能会让人失望，但它表达清晰，而且发布得足够早，给大家留足了调整圣诞礼物计划的时间。

这条消息还揭露了这一过程所面临的挑战。在 Antsy Labs 为生产做准备的同时，它也在与竞争对手较量，因为易贝网上突然涌现了大量仿制和假冒产品，这些产品通常使用了无效部件或劣质材料。此外，团队还必须努力跟上赞助者的投入，这是 Kickstarter 众筹项目的一个重要特征。减压骰子拥有一个异常活跃的赞助者社区，超过 15 万人承诺投入 600 多万美元，使该产品能够问世。这远远超出了公司的预期或通过生产所能支持的金额。

“由于装运前的工作量大到令人难以置信，很遗憾，我们未能关注到评论区。”项目团队在 12 月 7 日的更新中解释，“我们的团队正在壮大，目前已增加了一名‘Antsy Labs 科学家’。此人会仔细审阅评论，并在可能的情况下进行权衡考量。大家可通过其个人资料名称旁突出显示的标签来识别其身份。大家若有任何疑问，可直接向其提出。我们期望这能进一步方便大家直接从锐意进取的 Antsy Labs 团队获取信息。”当出现沟通障碍时，Antsy Labs 迅速向社群致歉、主动担责，并提出了有效的解决方案，以防问题重演。尽管所处环境并不那么严肃，后果也不算严重，但 Antsy Labs 采用的应对模式与 CRICO 为医生们提供的如出一辙。

Kickstarter 上的众筹项目往往是品牌勇于冒险与推进问责制的典范，而你的组织同样可以践行这种坦诚面对挑战的精神。你可以与利益相关者、合作者明确设定期望的沟通频率。在 Kickstarter 平台上，利益相关者与合作者实为一体。此外，你还可以制订管理计划或合同，明确问题出现时的沟通频率、格式和内容细节。在内部和外部项目中，诸如产品延期、进度滞后、制造商更换工厂等问题屡见不鲜。通过为棘手的信息更新和语言编辑设计模板，清晰传达事件经过、责任归属及解决措施，你的团队就无须羞于见人，可以更加坦然地面对挑战。你们应该振奋精神，坦诚地继续前行，并携手同事、潜在客户或社群共同前进。这正是 Antsy Labs 需要不断践行的理念。

2017 年 1 月 4 日，Antsy Labs 宣布终于开始发货，尽管时间远远晚于最初计划。造成延误的部分原因是质量控制问题，还有部分原因是运输量远超预期。“尽管我们期望能在 10 月项目结束时，就将产品作为奖励发放给你们，但我们必须，也将继续确保减压骰子符合我们的高标准。”团队如此写道。[13] 然而，截至 1 月 26 日，他们仍未发完 2016 年 12 月份承诺的产品。[14]

“12 月的大部分奖励产品已发送给赞助者，下周我们将完成 12 月订单约 80% 的发货量。我们会根据库存发货。”Antsy Labs 表示，“如果预知部分奖励产品会延迟发货，我们会提前告知。我们始终致力于尽快交付，同时也不愿为加速发货而牺牲减压骰子的质量，这点大家现在都很清楚……对于这类大型项目，不确定性是常态。我们虽期望能全盘掌控，但现实是，某些环节确需时间打磨。”

在困境中，人们或许倾向于回避沟通，或做出难以兑现的承诺以期最佳结果。然而，Antsy Labs 的选择是坦诚交流，寻求客户的谅解。

社群的反应自然是不同的，部分归因于 Antsy Labs 违背了“行动胜于言辞”的沟通原则。赞助者们反映收到的都是模板化的回复：“我们预计下周将有大量货物抵达仓库，这将助力我们完成所有待处理订单。虽无法提供您订单的确切发货日期，但一旦包裹发出，我们会立即通知您！”面对这种千篇一律的回应，有人感到不满，也有人表示理解。

“我见识过更糟糕的沟通和承诺兑现方式。”一位赞助者这样写道，“我明白，有些人在支持 Kickstarter 项目时，并未深入了解这背后的含义。更何况，这个项目的核心受众本就难以应对，因为这款产品就是旨在帮助人们缓解焦虑。非常感谢你们持续为我们更新信息。我确实期待获得奖励产品，但即便需要再等一个月左右，我也不会感到焦虑。”.

时间来到了 2017 年 3 月，众筹项目也进入了新的阶段。Antsy Labs 保持着持续一致的沟通频率，大约每两周就会发布一次来自生产合作伙伴的最新消息。然而，他们也坦诚面对一些挑战：除了需要管理向首批 10 万名赞助者的发货事宜外，每天还要处理多达 2 000 封新收到的电子邮件，这无疑影响了他们回应的速度。

“我们了解到，减压产品系列的赞助者们对电子邮件回复速度减慢表示了不满。”Antsy Labs 在更新中写道，“为了改善这一状况，我们上周已经增加了两名客服人员，并且从本周末开始，我们的团队将进一步扩大，新增 6 名成员。”[15]

尽管赞助者们持续表达着对沟通不畅的不满，甚至有些人开始对这个众筹项目产生了怀疑，尤其是在市场上出现仿冒产品的情况下。然而，随着越来越多的初始赞助者收到了减压骰子，积极的评价开始涌现，许多人表示这个产品确实值得等待。公司也采取了主动措施，确保所有赞助者的订单信息，包括邮寄地址和颜色偏好，都已填写完整。到了 2017 年 4 月，Antsy Labs 宣布，所有信息登记完整的初始赞助者，他们的订单已经全部完成发货。

2018 年 1 月，Antsy Labs 发起了新的众筹项目。此时，公司获得了喘息之机，并从过往的失误中汲取了教训。他们发现，多数问题都出在沟通环节。“当初我们推出减压骰子时，设定的筹款目标是 1.5 万美元。虽然我们希望筹得更多，但后来的发展远远超出了我们的预期和计划，这既是好事，也带来了一些困扰。”麦克拉克伦两兄弟在更新中如此描述。[16]

众筹金额超出预期高达 400 倍，这在生产、承诺兑现以及沟通方面给他们带来了极大的挑战。创始人们写道：“推出减压骰子时，我们曾打算亲自回复页面上的大部分评论，并保持持续一致的更新频率。但随着项目的推进，社群规模急剧扩大，我们发现难以维持这样的日常操作。我们认为，这主要是因为需求增长得太迅猛了。有些日子里，我们平均每分钟都会收到两封电子邮件，这让我们不堪重负。为了缓解这一压力，我们决定引入客服团队来分担工作。未来，我们考虑借助外部力量来处理公关和客户服务事务，因为这些环节对企业至关重要，对众筹公司来说更是如此。”

尽管这些“超级赞助者”，也就是深谙众筹之道的人一直对 Antsy Labs 的产品赞不绝口，但对那些仅投资一个创意，并希望参与小型众筹活动的客户来说，Antsy Labs 的觉悟似乎来得有些迟了。

Antsy Labs 通过与赞助者们的真诚交流，让他们感受到了公司的真诚与脆弱，从而拉近了与大多数赞助者的距离，并彰显了他们在这一过程中的参与和投入。如今，随着有关意识的提高，Antsy Labs 已经发展成为一家生产和授权一系列热销产品的公司，其中许多产品都是通过 Kickstarter 平台发布的。

Antsy Labs 的历程为所有品牌和组织提供了宝贵的经验：**当遇到问题时，要尽早并频繁地进行沟通。以第一人称阐述情况，详细说明你的组织所采取的行动以及问题所在。提供尽可能准确和详尽的信息，即使以后可能需要进行修正。**当你确实需要调整预算和时间表时，不妨遵循以下模板：首先表示歉意，然后阐述出现的新情况，最后说明你将采取哪些措施来避免类似问题的再次发生。

说到底，无论是个人还是初创企业、公众人物、新产品系列，都会经历成长的过程，期望将更多事情做得尽善尽美。

TED 演讲，公开和倾听的力量

TED 演讲便是一个绝佳范例，展现了品牌的脆弱性、愿意倾听的态度，以及亲和地融入社群的力量，从而优雅地从困境中恢复元气。TED 起初是技术、娱乐和设计领域数百名杰出思想家的年度盛会，如今已发展为深受欢迎的 TED 在线平台及一种授权模式，将品牌及其许可触及成千上万的地方活动和全球受众。对 TED 而言，社群是力量、责任和监督的重要源泉。如今，“社群”的概念已从杰出思想家和忠实粉丝扩展至评论家和点评者等。在面对引人注目的失误时，TED 以展现脆弱性和谦逊的态度承认错误并融入社群，而这种立场并非其初始的态度。随着对受众的了解日益加深，TED 开始聆听批评者的声音并从中学习。这些批评者期望 TED 在内容质量和信息发布方面设定更高标准，即便在将品牌和平台扩展至独立活动领域时也应如此。尽管他们有时会嘲笑 TED 在无同行监督的情况下提出的某些想法，但他们依然会关注并提供指导，助力 TED 不断改进。

TED 网站的创始总编埃米莉·麦克马纳斯（Emily McManus）表示：“人们来到 TED，是为了寻求尚未获得的洞察力、惊喜和知识。让 TED 展现出智慧和权威，有助于培养受众的信任。”该网站通过推选优秀演讲来传递这些特质，内容主要来源于各大自主大会及地方活动中的顶尖演讲，同时参考了这些演讲所使用的文案架构。

“在用户访谈中，我们询问了人们对于权威演讲的看法，发现如果宣传语稍长一些，会更容易赢得人们的信任。但我们也注意到，要避免使用过多的长单词，以防文本显得过于拥挤。”麦克马纳斯解释道，“文本中留有足够的空白，便于大家快速阅读。”这样的设计选择体现了对受众的尊重，让他们可以自主选择关注的焦点，而不必全神贯注于字幕内容。编辑团队还做出了许多其他决策，旨在将更多控制权交给受众。

麦克马纳斯提到：“网站刚推出时，我们更侧重于展示演讲者的名字，而非话题内容。但在 2013 年的首次重大设计更新中，我们意识到话题比人名更吸引人，因为我们的使命之一就是给那些不太知名的人提供发声的平台。”

TED 致力于传播有价值的思想，而非追求个人的知名度。“2017 年，我们邀请了教皇和莫妮卡·莱温斯基（Monica Lewinsky）进行演讲。但如果不考虑他们，那么当年大会上最受欢迎的演讲则是神经科学家阿尼尔·塞思（Anil Seth）关于人类意识的探讨。”麦克马纳斯提及，“有一位你从未听说过的研究者正在进行令人瞩目的研究，而有关演讲在短短一个月内就有了 400 万次的浏览。”这一巨大的浏览量，部分归功于 TED 网站上一种特殊的设计：突出标题和主题，而非单纯强调演讲者的名字。

TED 通过此策略成功利用自身平台推广了各种理念，然而，这样的做法也为品牌带来了一定的风险。2009 年，TED 启动了 TEDx 项目，意在支持那些获得授权的、独立的且风格与 TED 相似的地方性活动。TEDx 项目的活动不仅促进了社群的发展，还丰富了内容来源，但在对创意质量的把控上，其监督相对较少。为此，TED 随后推出了内容指南，旨在解决科学可信度、同行评审以及其他标志性问题。

对于 TED 而言，对授权活动的内容采取宽松的管理策略蕴含着巨大的风险。执行不力或审查过于宽松，都可能损害品牌价值、破坏受众的信任。

麦克马纳斯进一步解释说：“在 TEDx 项目中，演讲者及其演讲内容并不受 TED 的审查。”在 2010 年夏洛特 TEDx 活动中，兰迪·鲍威尔（Randy Powell）发表了主题为“基于旋涡的数学”的演讲，该视频在一年半后开始走红。尽管起初受到欢迎，但科学家和媒体对其提出严厉批评，认为鲍威尔关于通过九进制数字系统解决世界饥饿问题的观点不切实际。迈克尔·科普兰（Michael V. Copeland）在《连线》（*Wired*）杂志上评论道："随机词语联想或许是 TED 方法的一部分，但这属于诗歌范畴，而非科学。"[17] 叶夫根尼·莫罗佐夫（Evgeny Morozov）在《新共和》（*The New Republic*）杂志上指责 TED 不再是负责任的策展方，它未能传播"值得传播的思想"。[18]

面对批评，TED 采取了与 CRICO 相似的态度，认真对待问责并道歉，承担起地方性活动质量控制的责任，并且参与对话，探讨如何预防未来出现类似的问题。麦克马纳斯解释说："人们把 TED 看得很重要。显然，我们被别人欺骗了，而公众希望我们承担责任。鲍威尔深信旋涡数学的理论，并用一种迷人、友善、易懂的语言进行了阐述。他的演讲极具说服力，因此，将他推上舞台的人不应受到指责。"然而，学者们对此感到愤怒，TED 的广大受众也颇为不满。为此，麦克马纳斯参与了美国国家公共电台（NPR）、美国有线电视新闻网（CNN）以及众多其他媒体平台的对话。在这些交流中，麦克马纳斯并未进行公关性质的陈述，而是努力探讨问题并寻求解决方案。

"通过公开和直接的沟通，TED 取得了两方面的成果。首先，它表明了自己正在关注公众的忧虑。但更重要的是，TED 意识到这是一个需要广泛的解决方案的系统性问题。"著名管理学思想家尼洛弗·麦钱特（Nilofer Merchant）在《哈佛商业评论》（*Harvard Business Review*）中如此写道。[19] TED 通过透明地讨论社群支持内容的问题，还试图将解决问题的过程公开化。在与批评者的公开对话中，TED 坦诚地承认了自身的不足，积极吸纳了建设性的反馈意见，并与同样充满热情的受众共同集思广益。TED 的脆弱性拉近了与受众的距离，进而强化了品牌及其授权的活动与内容的地位。

TED 背后的产品和流程展现了更为出色的管理策略。全新的内容指南与科学标准界定了众多 TEDx 演讲舞台上可发布的内容范畴。同时，该组织勇于处理那些因最新科学发现而显得过时或微不足道的演讲。TED 的网站不仅推出了新的内容形式和消息传递方式，引导访问者观看更新后的演讲，还建立了一套编辑审查机制，为早期演讲或可能被视为具有党派色彩的演讲添加评论。

“天文学家迪米塔尔·萨塞洛夫（Dimitar Sasselov）在人类刚开始获取类地行星数据时发表了这场演讲。”麦克马纳斯解释道，“他提到，人类已经发现了数百颗太阳系外行星，但那已是 10 年前的事情了。”随着研究的不断深入，人类已经发现了数千颗太阳系外行星，而且这个数字仍在持续增长。视频下方有一条注释：“注：本演讲于 2010 年进行，此后该科学领域取得了飞速发展，详情请参阅下方的‘评论与更新’。”[20]

“随着新旧天文望远镜不断有新发现，太阳系外行星的数量持续增加，行星目录也在不断扩充。”另一条注释与演讲内容相关联，提供了进一步的补充信息。对于许多演讲，注释和附加阅读材料为演讲者和观众提供了更多帮助。麦克马纳斯解释道：“我们添加注释，是为了点燃求知的火花，并为观众提供深入探索的工具。”这些注释让观众能够根据自己的兴趣进行更深入的研究（见图 8-1）。

图 8-1 迪米塔尔·萨塞洛夫的 TED 演讲页面

针对迪米塔尔·萨塞洛夫的演讲，TED 在网页下方添加了注释和更新，旨在将其置于不断演进的科学背景中。此举并不是要贬损其价值，而是为了让任何可能引用该演讲的人都能获得值得传播的信息。

TED 始终致力于提供最新、最全面的信息。TED 的网站积极应对内容时效性问题，采用内容模型等工具为过时内容添加注释，并以负责任的态度策划和展示演讲，即便那是 10 年前的演讲内容。“如果你是一名科学老师，我们不会让你在观看这些演讲时感到困惑，而是会确保你能够充分理解背景知识。”麦克马纳斯强调。**信任的基础在于对责任的重视和对自身弱点的坦诚，即便是备受信赖的出版品牌也应如此。**

TED 致力于信息获取的民主化。与其类似，美国服装品牌老海军也在推动时尚的民主化。自 1994 年创立以来，该品牌一直以亲民的价格提供时尚服饰。他们在公司各个层面积极招聘多元化员工，为多数产品设计扩展尺码提供通用剪裁，寻求多样化的供应商，并公开报告在这些方面的进展。这完全符合其母公司盖璞的“包容性设计”理念。[21]“为了明确我们的改进空间，我们会持续评估自己的进展。”该公司在其年度可持续性报告中如是说。[22]他们重视的不仅是成果，更有责任感。

正如 Penzeys Spices 公司的案例所示，企业公开表达热情可能产生积极影响，但也可能招致蔑视、报复和经济损失。同时，它们还面临另一种风险：作为先行者，一旦未能达成目标，且被公众发现背离初衷，将会遭遇双倍严重的困境和尴尬。老海军公司坚定表达了其对种族多样性和包容性的承诺，并积极应对了相关问题。它采取了与以往相同的策略，即展现透明度和坦诚，公开当前的工作进展，重申对反歧视的坚定立场，并通过通俗易懂的语言和明显的伙伴关系来传递这一承诺。

2019 年是老海军品牌创立 25 周年。值得一提的是，它的首任 CEO 就是一位有色人种女性。后来，该公司又上任一位有色人种女性 CEO，这令公司员工感到自豪。为了庆祝后来这位 CEO 上任的重要时刻，老海军宣布了新的合作计划，并向“来者不拒”（Open to All）组织捐赠了一大笔资金。“来者不拒”是一个由众多企业和非营利性组织构成的全国性联盟，致力于支持反歧视事业，并通过企业政策、商业运作、持续培训、明确的标识以及公开表态来欢迎所有人。该联盟寻求的是真正体现其精神的成员，而非那些仅仅想利用“来者不拒”的标签来掩饰不良历史的企业。

然而，就在公司举办周年庆典和与“来者不拒”组织合作的前一年，发生了一起与公司倡导的反偏见和包容性原则背道而驰的事件。一位名叫詹姆斯·康利（James Conley）的 29 岁黑人男子，指控艾奥瓦州得梅因市（Des Moines）的一家老海军商店员工和管理层存在种族形象定性行为。事件的起因是，店员指责他企图偷窃身上穿着的外套，并要求他脱下外套以便进行扫描。在他的不懈坚持下，店方最终调阅了监控，确认他在进入店铺时就已经穿着那件外套。尽管事实已明，他穿着自己的外套离去了，店方却未对他们的不当行为表示任何歉意。此事迅速被当地媒体曝光。

老海军公司对此事的反应迅速且果断。公司高层代表公开致歉，并立即解雇了涉事员工。同时，公司内部展开了更深入的调查，并持续向媒体通报事件进展。

“老海军的迅速反应确实令人称赞。”来自“来者不拒”组织的宣传总监卡拉·龙格鲁德（Calla Rongerude）评价道。老海军与盖璞公司均是“来者不拒”组织的核心成员。此次事件不仅揭示了种族主义的深层本质，也凸显了这样一个问题：即便是具有高度社会责任感的组织，在将公司政策落实到日常客户服务中时，仍会面临巨大挑战。

“零售商们深知，尽管可以明确表达公司的价值观，并为员工提供反种族主义培训，但终究难以完全掌控每一个员工的行为。”龙格鲁德说道。

正如 TED 在其授权活动中所发现的，以及 Antsy Labs 在其供应链中所体会到的，设计控制措施确实充满挑战。然而，通过恰当的沟通与果断的行动，品牌可以弥补那些破坏信任的漏洞。龙格鲁德继续道：“我们永远无法百分之百地确保每个人都能得到应得的尊重。与我们携手的公司都深知这一点。它们选择以正确的言辞、正确的行动，以及对发生在自家店铺的事情负责的态度来回应，这也是我们的文化中自带的一个难题。”

所谓正确的言辞，即意味着要道歉、重申公司的价值观，并告知大众公司正在调查所发生的事情。“我们鼓励公司道歉。因为有一个基本的事实，那就是有人带着受伤的心情离开了你的店铺。承认这一点无须花费分文，却可能为你赢得善意。”龙格鲁德解释道，“在当前的政治氛围下，我们并不总能做到倾听他人的想法并认可他们的体验。在我们的文化中，人们很容易相互排斥；但对公司而言，最重要的是确保客户能被看见、被听见，以及他们的诉求能得到认可。同时，公司也可以展开相关调查，以了解事实真相。”

虽然调查可能会揭露一些人事问题，这些问题可能导致非公开解雇的发生，但公司仍可以公开讨论企业文化、价值观，以及自己如何努力使地方行为与企业价值观保持一致。

老海军公司承诺将持续进行反种族主义培训，并积极应对所发生的事件。在 Facebook 上的一篇帖子中，它声明："此次事件违背了我们的政策和价值观，我们向康利先生以及那些因我们而感到失望的人士表示歉意。我们所有的客户都应得到尊重……我们非常重视这一事件，以及所有关于平等问题的对话。老海军致力于营造一个让每位客户都感到宾至如归的购物环境。"[23]

龙格鲁德对老海军公司目前的工作及其对合作关系的承诺表示了肯定。她说："我们的标签并不能抹去有问题的历史。相反，老海军正在努力解决一些重大问题，并与我们进行协商，从而努力成为该领域的改革推动者。热情好客是老海军品牌文化的核心。它希望每位踏入老海军商店的客户都能感受到尊重。正因如此，它选择了与我们携手，因为我们秉持着它想要支持的价值理念。"

龙格鲁德继续道："老海军公司向我们展示了如何肩负起责任，阻止种族主义在体系中根深蒂固，并借此机会进行改进。我们通过建立信任，在公共卫生、医疗实践、产品设计以及反对偏见、主持社会正义的工作中不断壮大。在我们敢于面对自身的脆弱性时，我们选择了进行艰难的对话、公开道歉，在公众视野下进行原型开发，摒弃一切虚假与伪装。这时，品牌展现出了最真实的一面。正是这样的时刻，让受众对品牌产生了深厚的信心和信任，也必将促进他们对我们这个组织建立信任。"**强大的组织总能在最脆弱的时刻，抓住机遇，筑牢信任。这些看似脆弱的时刻，却可能蕴含着巨大的力量和价值。**

Zoom，挺身面对“隐私轰炸”

Zoom 公司也面临着一个极为关键的时刻。Zoom 无疑是幸运的，它的成功源于准备工作与机遇的完美结合。早在 2019 年，Zoom 就推出了强大的手机应用程序，并不断添加新功能，如先进的虚拟背景和虚拟等候室等，这些创新在后来的实践中证明了其价值。随着新冠疫情的发生，企业和政府机构纷纷要求员工在家办公，学校也转向远程教学，这使得 Zoom 的使用量激增。在短短几个月内，Zoom 的日活跃用户从 1 000 万飙升至 2 亿，涵盖了商业客户、家人、朋友以及教育工作者等各类用户。

然而，这种迅猛的增长也给 Zoom 带来了巨大的挑战，暴露出平台的弱点。为了应对用户数量和类型的激增，Zoom 必须挺身而出，不断优化服务，以确保平台的稳定性和安全性。

2020 年 4 月 1 日，Zoom 的 CEO 袁征（Eric Yuan）在 Zoom 博客上发布了一篇颇具影响力的帖子，深入探讨了公司面临的问题及其解决方案。[24] 这一举动不仅体现了品牌在问题初现时进行及时、明确和透明的沟通的重要性，更显示了该公司是如何通过应对挑战来实现增长的。

袁征在帖子中写道：“Zoom 的使用量在短时间内激增，远远超出了我们在 2 月底首次表示愿意提供协助服务时的预期。”用户数量的激增固然是好事，但同时也给支持团队带来了一系列挑战，并吸引了一些行为不端者进入平台。这些网络喷子通过共享屏幕来干扰公共会议，对不知情的参与者进行“Zoom 轰炸”，散布色情、种族主义和反犹太主义言论。[25]

袁征进一步表示："我们意识到，我们没有达到社群以及我们自己对隐私和安全的期望。对此我深感抱歉，同时我也想告诉大家，我们正在采取积极措施来解决这些问题。"值得注意的是，虽然袁征在描述团队目标和他们的努力时使用了第一人称复数形式以分享功劳，但在道歉时却选择了第一人称单数。这位 CEO 独自扛起了责任。

紧接着，这篇帖子深入探讨了技术细节，其目的并非迷惑读者，而是帮助他们更全面地了解公司整体状况、面临的挑战以及发展规划，从而实现有效的赋能授权。

"先来简单介绍一下背景：我们的平台起初主要是为大型企业客户打造的，这些企业都拥有完善的 IT 支持体系。"袁征在文中写道，"全球已有数千家企业对我们的用户层、网络层以及数据中心层进行了详尽的安全审查，并基于对 Zoom 的充分信任，选择了接受我们的服务来全面部署工作。"他提醒广大读者，Zoom 一直表现出色、久经考验，只是未曾面临过当前这样的特殊状况。

"在设计产品之初，我们并未预见到短短几周内，全世界的人们都会突然开始在家中工作、学习和社交。"他继续阐述道，"如今，我们的用户群体已大幅扩展，他们正以无数种我们未曾设想到的方式使用我们的产品。这给我们带来了在平台构思阶段未曾预料到的挑战。而这些新的、主要面向消费者的使用场景，也帮助我们发现了平台上存在的、之前未曾预见的问题。"

袁征在此巧妙地将一个“是用户使用方式不当！”的指责转变为一个宝贵的机遇。这不仅仅是一种自利的辩解，更是一种高明的领导策略。他随后对社群表达了赞赏：“那些具有奉献精神的记者和安全研究人员，在帮助我们识别潜在问题方面发挥了重要作用。我们感谢大家对我们的深入审查和提出的疑问，无论是关于服务运作机制，还是基础设施与运营能力，抑或是我们的隐私和安全政策。正是这些疑问，将推动 Zoom 不断进步，不仅对公司本身，更对所有用户而言都是如此。”

在结尾部分，他为 Zoom 的未来发展设定了明确的时间表。首要任务是什么呢？“实施功能冻结，集中我们所有的工程资源，全力解决当前最紧迫的信任、安全和隐私问题。”紧接着的一周内，Zoom 将虚拟等候室和会议密码设定为所有新会议的默认选项。用户们很快发现，像虚拟背景这类“有趣”的功能，实际上在保护学生和同事的隐私方面大有裨益，它能有效遮挡居家办公环境的细节，避免在突发情况下暴露家庭或办公室的真实面貌。

袁征还详细阐述了社群，包括消费者、企业、学校以及媒体，如何对他进行监督。他郑重承诺，将每周举办关于 Zoom 隐私更新的在线研讨会，定期发布透明度报告，并接受第三方审计。他针对 Zoom 问题的回应迅速、具体、透明且坦诚，这使 Zoom 公司成为一个如何在困境中赢得信任的出色的品牌研究案例。

聪明的组织会在遭遇危机、生产延误或技术难题时，展现出真实性和坦诚，而不仅仅喊着空洞的口号。回想一下，在那些需要你鼓起勇气的艰难时刻，品牌的设计不能止步于对困难的简单应对。公开地进行原型开发和**面对批评时，要将坦诚从一种弱点转化为勇气和领导力的源泉。**

湾区的新冠疫情应对小组在面对风险时，展现出了自上而下的勇敢行动。旧金山数字服务团队之所以能够迅速且准确地发布网络内容，是因为内容创作者能在内容策略框架和熟悉的风格指南下自由地推进工作。交流的需求迫切，无法等待确定性出现或烦琐的法律审批，因此人们必须信任系统、信任工具，并相互信任。Zoom 团队遵循由 CEO 树立的强调责任感、协作和信息透明度的企业文化。

如果你的组织也在讨论同样重要（即便不够重要）的问题，你能否构建出能够操作的支持你展现坦诚、应对风险的系统？你是否会效仿 Antsy Labs 的模式，努力让交流速度与变化速度保持同步？

为了更贴近受众，你可以深入揭示问题背后的细节与成因，从而提升他们的理解度和忠诚度。社群的力量能够塑造更强大的公司与更深刻的体验，TED 深谙此道。那么，你是否愿意给予你的社群应得的尊重，以赢得他们的信任？你应当勇于承担成长的风险，在公众的关注下开展原型设计与成长模式的构建。正如老海军公司所展现的那样，改善我们的公司与团队，是改善整个社会切实可行的起点，也是我们能迅速实现的变革。如同骨折愈合后骨头会更坚韧一样，你也可以在曾经的弱点上变得更强，开启一个自我提升与觉知的过程。这一过程并非依赖成功的光环，而是需要展现脆弱性、恢复力，以及复兴之路上的汗水与勇气。在彻底坦诚与展现脆弱的过程中，你将寻得力量，并赋予你的品牌与受众以能量。

Trustworthy
品牌发声的关键

1. 对脆弱性的自我展示并非软弱，而是一种获取更大回报的机会。
2. 强大的组织总能在最脆弱的时刻，建立信任。
3. 用重视创意、用户需求和发散性思维的态度，取代循规蹈矩，以更高效的方式解决问题。
4. 舍弃空洞冷漠的超然姿态，以更具人情味和激情的态度，与核心受众建立更为深厚的关系。
5. 相比于否认自己的弱点，放低姿态、展示真实的自己，才能与受众一同前进。
6. 不要只将坦诚作为空洞的口号，要将其转化为勇气和领导力的源泉。

Trustworthy

结　语

品牌发声的能力，
就是未来的核心竞争力

愤世嫉俗只是智者的懦弱。

——唱片《激怒》(*Provoked*)，

美国演员、编剧亨利·罗林斯（Henry Rollins）[1]

当你向受众寻求对品牌的信任时，这实则是一场交易。你请求他们的信任，同时承诺自己将不负所托。你承诺言行一致，以价值观为导向，勇于承担错误，并鼓励受众对你进行监督。这些承诺都需要你以勇气战胜内心的恐惧。

同时，要赢得信任，你也必须主动给予信任。这不是一场等待对方先行动的游戏，而是需要你率先迈出那一步。在要求受众信任你时，你也必须愿意从自己的角度出发去信任他们。你需要从品牌的独特视角出发，投入激情与关注，并展现出你犯错、学习与成长的过程。这样做又会有什么问题呢?

- 你是否担心他们无法理解你的幽默，或是听不懂你的专业术语?
- 你是否害怕他们会因为你与众不同而嘲笑你?

- 他们是否真正关心你公司的发展状况?
- 他们会因你坦诚展现弱点而对你提出批评，甚至反对你吗?
- 倘若你摒弃华丽的外表，让优秀的理念以朴实的文字呈现，他们会因此嘲笑你吗?
- 他们的兴趣点是否与你的热情相契合，还是说他们会在你过多的陈述后感到乏味?
- 在经历了贪婪的企业和官僚机构的磨炼后形成的怀疑态度，会让他们对简单的文字也产生怀疑吗?
- 当你帮助受众变得更加睿智后，他们是否仍需要你的组织?
- 如果他们无法与你的经历产生共鸣，或者无法理解你的品牌吸引注意力的方式，该如何是好?
- 他们是否愿意提出能推动你公司发展的问题?
- 他们是否有意愿参与其中，共同助力你的公司逐步成长?
- 他们是否渴望让事情变得更好?

对于上述问题，答案是肯定的，即便是在不利的情况下。你要记住，你的受众是人，而我们人类是复杂多样的。我们既挑剔又多疑，还会被繁文缛节所困扰。但人们也怀揣着无限的希望。作为营销人员、设计师和文案工作者，我们的挑战在于如何在一个常常抹杀希望的世界里，去肯定并激发人们的希望。审视我们所处的环境，以及我们是如何一步步走到今天的，你就会明白，专业知识既受到珍视，也饱受质疑。

在这个充满恐惧与困惑的时代，无数事例都在提醒我们为何要远离电视评论员和政治领导者的虚假宣传与有意地混淆视听。过去10多年间，昔日的真相仲裁者和所谓的专家已逐渐失去了他们的公信力。如今已不再有美国知名的电视新闻工作者沃尔特·克朗凯特（Walter Cronkite）那样的人为我们提供对于时事的明确见解。人们开始依赖朋友和“同道中人”的评论来了解新闻、选择餐厅或制订度假计划。然而，就在我们关注到这些“信息茧房”的同时，它们却已经开始破裂了。

酒店利用评论和算法进行策略性操作，而行为不端者则利用新闻源推动热门话题。面对不可信的外界信息，许多人开始向内探求真相。**在缺乏科学审查与包容性社会政策的环境下，人们容易在熟悉的信仰中寻求慰藉。这种情境下，人们可能更倾向于相信那些让他们感觉正确的事物，而非真正正确的事物。**

这种自我满足、自我中心的智慧，实际上是在蔑视从严谨的知性主义中汲取力量。如今，仅有35%左右的美国人表示对科学家致力于公共福祉的行为“非常有信心”。[2]如果我们无法信任科学家的动机，那么他们发布的信息和警告又怎能令人信服呢？耶鲁大学的研究揭示，43%的美国人不相信人类在气候变化中的作用，即使相信，也往往不屑一顾。[3]然而，这种轻蔑态度背后隐藏着更深层的东西：愤世嫉俗主义。愤世嫉俗者看待世界的真实面貌时，总是认为它比表面上看起来更加糟糕。

愤世嫉俗者会选择逃避，因为过度的恐惧让他们不敢参与到改善世界的行动中来。然而，大多数人并不是因为缺乏洞察力和批判精神，以至于会轻易放弃。即便是那些表面上显得疲惫、冷漠的人，在真正参与进来时，也会迅速变得投入。

我们每个人都有自己的观点和看法。参与的行为证明了另一种力量的存在：不是怀疑一切，而是怀抱希望。

即使在失去对专家的信任，转而向内心寻求真相之后，我们依然满怀希望和好奇心。大多数人都渴望更深入地了解这个世界，渴望做得更好，并从周围的组织中寻找指引。我们渴望自我提升，渴望我们的世界变得更加美好。你知道吗？只有 35% 的美国人坚信科学家的行为总体上符合公众利益，但这个数字相比于 2016 年的 21% 已经有所上升。

相较于军方、宗教领袖、商业领袖和民选官员，科学家在公众心目中的形象持续改善、独树一帜。这是否因为我们越发需要专家承担社会权威角色，而其他群体的道德问题日益暴露，从而形成了鲜明对比？或许，是因为反性侵的非营利组织 TimesUp 的宣传、MeToo 运动不断扩大的影响力、美国消费者金融保护局的坚持，以及“沉睡的巨人”（Sleeping Giants）和“捂紧你的钱包”（Grab Your Wallet）等监督团体的严格审查，提升了我们对信息透明度的期望？[4] 不论何种原因，重要的是结果：人们渴望改变，并希望身边的机构能为此负责。

组织若能自我完善并助力他人进步，将会变得更加透明和值得信任。本书中的案例证明了这一点：**组织通过保持沟通的一致性、提供适量的信息以辅助决策，并对批评性反馈展现开放态度，可以赢得信任并重建公众的自信。这些要素单独来看，都是优秀内容和以用户为中心的**

设计的指导原则；综合起来，则能提升组织的领导力并培育信任。

Mailchimp 凭借其用户友好的界面和丰富的服务套件，不断获得赞誉，用户基础持续扩大。它不仅在客户中，甚至在批评者中都赢得了信任。

小企业主们钟爱 Mailchimp 独特的品牌声音，它既能在单调的市场中独树一帜，又充满了斗志，传递出创新与企业家精神。然而，品牌虽恒久不变，声音却会随时间流转。这些小企业已不再是昔日的小规模服务者。随着公司的逐步壮大，其声音也日臻成熟，更能体现日益成熟的受众视角。Mailchimp 依旧保持着鲜明特色：简洁明了，亲切友好。但如今，它融合了直白的语言和简洁的图像，让不熟悉品牌历史和内部笑话的新用户也能轻松接近。

为了支持广泛的服务和更多商业客户，Mailchimp 提供了多样化的支持方式。正如莫莉·麦克劳夫林（Molly McLaughlin）在《个人电脑杂志》（*PC Mag*）的一篇评论中提及的，“你可以通过浏览指南、知识库文章和教程来获取信息。对于诸如自动化等新功能，Mailchimp 还特设了帮助板块。此外，你还能找到关于‘创建自动电子邮件’等主题的有用视频。”[5]

尽管 Mailchimp 提供了丰富多样的内容类型，但它会通过精简信息量来保持平衡。其页面以一个简洁的“开始之前”列表为起点，内容通过易于浏览的标题和文字链接进行组织，使得帮助信息既实用，又不会让人感到迷茫。

此外，Mailchimp 始终保持谦逊，对反馈意见持开放态度，并在实际操作中保持透明度。2019 年，该公司发布了首份透明度报告。[6] 当其他公司因遵循政府对用户个人信息的规定而受到指责时，Mailchimp 主动公开了自己是如何在保护客户隐私和遵守法律之间找到平衡的。其信息通过朴实的语言、明确的定义和简洁的图表呈现，清晰易懂。有时，Mailchimp 对客户隐私的重视也会使其面临批评。例如，2019 年 Mailchimp 因与电子商务平台 Shopify 解除合作而备受关注。[7] 据 Mailchimp 的声明，Shopify 要求它提供的数据违反了 Mailchimp 的客户隐私政策。这一变化让部分用户感到不安，因为这就需要用户公司重新设计后端流程，以保持信息整合。

Mailchimp 对其决策进行了详尽而坦诚的阐释，同时也不忘表达对客户所忧的深切理解。作为回应举措，公司公开了一系列替代方案，增派了技术支持力量，并推出了全新的解决方案。在成熟的组织架构内，周到的扶持与艰难的商业抉择是可以并行不悖的，而且，借助清晰透明的沟通，还能够进一步夯实信任基础。

Mailchimp 的做法，是将品牌的声音、信息量与脆弱性三者融为一体，不仅提升了公司自身的可信度，更为数百万家小企业赋能授权。Mailchimp 立志成为值得信任的伙伴，助力用户走向成功，同时它也扮演着所有小企业梦想中的坚强后盾。Mailchimp 通过提供实用的工具、优质的服务与全面的支持，让这些希望变得触手可及，从而赋予客户自信，坚信自己的梦想定能实现，而 Mailchimp 将是它们追梦路上的得力助手。通过聚焦品牌的声音、信息量与脆弱性，Mailchimp 赢得了更广泛受众的信任，并使得这些受众有能力服务于比以往任何时候都要庞大的终端用户群体。

TED 同样秉承着类似的承诺：它通过聚焦声音、信息量与脆弱性，为有价值的思想观点营造了一个更加友善的未来环境，并为这些思想观点提供了众多可以传播的舞台。TED 的首要行动便是在批评声刚刚露头时，便积极促进对话交流。在这里，声音与信息量的含义，远不止于品牌所表达的内容及其多寡，它们更是涵盖了品牌通过倾听所传达出的信息。

面对最尖锐的批评，TED 依然深耕其理念，以坚定而果敢的姿态去倾听。他们既不退缩，也不采取防御性反击，而是以深思熟虑的态度去学习、理解并做出改变。TED 的这种姿态与参与方式赢得了广泛共鸣，不仅政治代表们与其选民一同积极参与市政管理，CEO 们也常举办公开会议并身体力行，同时，用户体验团队也常与用户进行生成性研究并举办焦点小组访谈。他们视受众的反馈为珍贵的礼物，共同培育接纳反馈的土壤，并怀着谦逊之心去接受意见。在公众视野下进行原型开发，对于知名度如此之高的组织而言，确实不易。但 TED 也因此收获满满：他们依靠社群引领自我成长，并且因为打造出更出色的产品而赢得了更深厚的信任。TED 已不仅仅是一个推广有价值的思想的平台，更是已经成长为一个能帮助受众甄别思想是否真正值得传播的品牌。通过主动肩负起保证质量的重任，TED 团队开发出工具，确保地方性活动的社群也能维持高品质。声音、信息量与脆弱性的结合，为 TED、TEDx 项目以及全球分享演讲的社群赋能，并进一步增强了公众对它的信任。如今，更先进的思想正在广泛传播，推动着教育、创新以及对全球重大问题的深入探讨。

TED 和 Mailchimp 所采用的平实语言，与 NHS 等简约主义倡导者以及克拉奇菲尔德和 Lovehoney 等有耐心的教育者的理念不谋而合。这些品牌以通俗易懂的方式传达专业知识，致力于提供恰到好处的细节，以帮助人们自我提升。同时，它们也以坦诚和自我觉察的态度接纳批评。我们深知，社群经济的基石在于企业、消费者、政府和公民之间的信任。通过汲取这些经验教训，这些组织成功培育了这种信任，不仅提升了自身的智慧，也助力其受众变得更加明智。**信任得以增强的原因在于，品牌和组织并未向愤世嫉俗的情绪低头，而是勇敢地响应希望的召唤。**那么，肯定受众的希望是不是一个轻而易举的选择呢？答案是否定的。向充满欺骗与分裂的世界妥协、煽动怯懦的愤世嫉俗的情绪、利用用户的恐惧心理进行操纵，这些做法远比肯定希望来得容易。事实上，一些政客、新闻机构和品牌正是这些手段的行家里手。然而，Zoom 选择了一条截然不同的道路。

面对行为不端者的侵扰、安全和隐私的顾虑，以及新用户的大量涌入，Zoom 原本可以选择指责——指责人们以公司未曾预见的方式使用平台，指责视频会议新手对隐私保护考虑不周，或是抨击网络喷子们过于刻薄和固执。

作为 CEO，袁征原本可以将责任推给用户、滥用平台的个体，甚至是 Zoom 自己的技术团队。但他却选择主动担责，并认同用户们的担忧是合理的。他采用严肃而尊重的语气与受众沟通，对他们的情绪表示理解，并给出了合乎逻辑的解释，随后提供了详尽的阐释和行动计划。他以“我”的角度，为用户体验不佳的问题承担责任，表现出脆弱和谦逊。同时，他又以“我们”的角度，将解决方案的成就归功于团队。他并未谴责那些进行“Zoom 轰炸”的人，也没有激起受众的愤怒，而是有目标、有计划地安抚他们，详细解释 Zoom 将如何提升平台的安全性，并教导用户如何更好地捍卫自己的隐私。在博文发布后的数周内，他的团队迅速行动，展示了实际的工作成果。袁征的回应挑战的不是愤世嫉俗的情绪，而是以希望回应了对勇气的呼唤。

在应对愤世嫉俗的态度时，是希望激发了阿普丽尔·斯塔尔的设计灵感。在遭遇晦涩难懂的术语、海量的信息资源和冗长的治疗流程后，她精心设计了癌症工作表。这一创新举措促使医生走出办公室，摆脱笔记本电脑的束缚，与患者面对面交流，摒弃了以往可能产生误导的医学术语。医患双方围绕这份简洁明了的文件，共同解释专业术语、制订治疗计划、剔除矛盾或分散注意力的信息，并明确共同的治疗目标。这一过程融合了恰当的语言表达、实用的信息细节，以及医患之间的人性化沟通。通过巧妙的设计，该工作表不仅增强了患者对医疗团队的信任，更重要的是，它赋予患者及其家属更多的权力和信心。患者因此获得了新知识，并鼓足了坚持正确治疗的勇气。被赋能授权的患者深信自己拥有做出最佳治疗决策所需的所有信息，而医生也更加信任患者的决策能力，这无疑提升了医患之间的相互尊重。

身为设计师的斯塔尔坚信，患者及其家属理应获得更优质的医疗体验。她的期望与患者的期望不谋而合：坚信存在更好的解决方案。癌症工作表不仅增强了患者对自身和医生的信任，更验证了一种希望与信念：人们是智慧的，并渴望变得更加智慧。

Zoom 的 CEO 袁征深信，他的受众智慧过人且渴望进一步增长智慧。克拉奇菲尔德的客服顾问、FBI 的内容设计师，以及 NHS 的团队都抱有同样的信念。袁征提出了一个卓越的平台构想，旨在助力受众共创更美好的世界，而这是对未来的美好憧憬投下的信任票。请记住，愤世嫉俗者只会看到世界的阴暗面，并声称实际情况比表象更糟。然而，作为设计师、文案写手、营销人员、品牌策划者以及创意汇聚者，我们洞察世界的真实面貌，并坚信它有望变得更加美好。倘若你认同这种可能性，那就倾尽全力去实现吧。

那么，你是否认同并尊重你的受众智慧非凡，且渴望更上一层楼？这正是他们内心所愿。他们并不追求品牌的权威地位，而是期望自我提升。他们渴望成为更有见识的公民、更明智的消费者、更出色的厨师、更有阅历的读者。

若你的组织能助力人们达成目标，他们的信任便会向你倾斜。我们通过信息传递为受众赋能，建立他们的信心，并培育他们的信任感，从而验证他们希望的合理性，进而重建社会本身。

有一抹微光，我们不容忽视。诚然，领导层的失职、沟通的疏漏，以及政府、企业和其他机构的欺诈行为，会让人们感到迷茫、无助，甚至开始怀疑自己的直觉。然而，即便有诸多令人愤世嫉俗的理由，希望之光仍在我们心中闪烁。**如果你帮助人们实现自助、帮助人们对自己的知识充满信心，并以更高的知识水平参与到这个世界中，那么你就能激发这种火花。声音、信息量和脆弱性的正确组合可以为受众赋能授权、激发他们的勇气，并重塑他们的信任。**若你帮助受众成为更明智的消费者、更有见识的公民，并让他们对自己的智慧充满信心，会发生什么呢？他们的忠诚和热情可能会让你惊叹。例如，超过半数的英国公民认为，他们最大的自豪点是国民保健制度，而非英国历史、王室或其他文化领域。[8] 此外，你还将助力客户释放自身潜能，对世界产生更深远的影响。例如，2019 年，Mailchimp 平台上的小企业收获了近8.4亿笔订单[9]，占电子邮件营销行业的60%以上。[10]

假设你的受众群体是使用Zoom与家人、学生和同事交流的人士，或是依赖癌症工作表的患者，想象一下，如果你能为他们赋能，使他们变得更加强大，那将会带来怎样的改变呢？你将教会他们如何获取更多的安全感并信任自己，而你也将因此重新赢得他们的信任。你将点燃他们的希望之火。为了你自己、为了你的组织、为了你的用户，更为了我们的社会，这是你必须去做的。

让我们携手并进，共创未来！

访谈出处

谢谢接受我的采访的诸多人士。你们的观点启发了我的思考，我非常感激你们的坦率和慷慨。

亚历山德拉·钱德勒，曾任马萨诸塞州第三国会选区民主党国会候选人，现为“保护民主”运动的政策倡导者；2018 年 8 月接受本书作者采访。

埃米·莱纳特，克拉奇菲尔德公司首席内容官；2017 年 12 月接受本书作者采访。

安东尼奥·德·卢卡，《纽约时报》数字艺术总监；2018 年 11 月接受本书作者采访。

阿普丽尔·斯塔尔，摩托罗拉系统公司体验研究高级经理兼独立设计师；2020 年 2 月接受本书作者采访。

比尔·斯马特（Bill Smartt），Smartt Talk 公司总裁；2017 年 12 月接受本书作者采访。

邦妮·达汉，曾任香蕉共和国公司创意部高级副总裁，现任邦妮·达汉咨询公司战略业务发展顾问；2018 年 8 月接受本书作者采访。

卡拉·龙格鲁德，“来者不拒”组织宣传总监；2020 年 3 月接受本书作者采访。

克里斯蒂娜·沃特克，斯坦福大学独立顾问兼讲师；2020 年 2 月接受本书作者采访。

克里斯托弗·马贾诺（Christopher C. Maggiano），Cormier & Company 公司总裁；2020 年 3 月与本书作者私信交流。

达娜·切斯尼尔（Dana Chisnell），曾任美国公民设计中心联合执行主管，现为美国“全国公民大会”（National Conference on Citizenship）组织的创始人兼重新设计项目主管；2020 年 4 月与本书作者私信交流。

迪安·维庞德（Dean Vipond），NHS 数字部首席设计师；2020 年 2 月接受本书作者采访。

戴安娜·兰多，曾任香蕉共和国公司目录编辑，现任 Parlandau Communications 公司传播顾问；2018 年 7 月接受本书作者采访。

埃米莉·麦克马纳斯，曾任 TED 网站主编，目前担任 WaitWhat 网站主编；2018 年 1 月接受本书作者采访。

杰克·毕晓普，“美国测试厨房”首席创意官；2017 年 12 月接受本书作者采访。

珍妮弗·莫雷尔，曾任科罗拉多州阿拉珀霍县选举和记录代表，现任民主基金会顾问；2018 年 3 月接受本书作者采访。

朱莉·戈万，克拉奇菲尔德公司品牌经理；2017 年 12 月接受本书作者采访。

凯特·基弗·李，曾任 Mailchimp 公司高级传播总监，现任公司传播事务副总裁；2017 年 11 月接受本书作者采访。

莉萨·托齐（Lisa Tozzi），曾任 BuzzFeed 公司全球新闻总监，现任 The Markup 公司新闻和运营主编；2017 年 3 月与本书作者邮件交流。

琳恩·博伊登（Lynn Boyden），曾任南加州大学信息架构师，现任美国航空航天局（NASA）喷气推进实验室高级人本研究员；2019 年 10 月接受本书作者采访。

马克·迪克里斯蒂纳，曾任 Mailchimp 公司品牌营销高级总监，现任 Mailchimp 工作室品牌副总裁；2018 年 2 月接受本书作者采访。

马修·柯里，曾任 Lovehoney 公司电子商务主管，现任生活方式品牌顾问；2017 年 12 月接受本书作者采访。

南希·弗里德曼，曾任香蕉共和国公司编辑总监，现任 Wordworking 公司首席文字工作者；2018 年 7 月接受本书作者采访。

妮可·芬顿，曾任美国总务管理局 18 楼内容设计部主管，现任 Vox Media 内容管理系统 Chorus 的传播经理，也是《好文案会说话》的合著者；分别于 2017 年 12 月和 2020 年 2 月至 4 月接受本书作者采访。

萨拉·威尔科克斯，NHS 数字内容设计师；2020 年 2 月接受本书作者采访。

萨拉·理查兹，曾任英国政府数字服务部内容设计主管，现为伦敦内容设计公司（Content Design London）创始人和首席顾问；分别于 2018 年 1 月至 2 月和 2020 年 1 月接受本书作者采访。

肖恩·斯普罗基特，曾任爱彼迎公司的设计负责人，现任 Godfrey Dadich Partners 公司紧急体验设计总监；2018 年 2 月接受本书作者采访。

史蒂夫·金迪格，克拉奇菲尔德高级家庭影音编辑；2017 年 11 月接受本书作者采访。

惠特妮·奎森伯里，美国公民设计中心联合创始人；分别于 2018 年 2 月和 2020 年 4 月接受本书作者采访。

引言　流量红利退去，为什么品牌发声如此重要

1. 英国政府网站的团队削减了内容，以帮助用户找到结论性答案，更轻松地做出决策，并获得对信息的信心。他们在内容设计方面的投入，也让内容贡献者更容易维护和更新内容。背景信息主要来自对萨拉·理查兹的采访，她曾是英国政府数字服务部的内容设计负责人。该团队通过限制版本、确定与用户需求最具相关性的内容，以及用适当的格式进行设计，将来自多个政府网站的信息进行了浓缩。在为部门的博客对贾尔斯·特恩布尔（Giles Turnbull）进行的采访中，理查兹进一步描述了这一过程："在传统上，你可能拥有一支编辑团队，但我们想在单纯撰写信息和尽可能向用户提供最好的信息之间做出区分。这不仅仅是文案写作。我们研究用户需求，也就是用户需要从政府那里了解的东西，然后以最好的方式将它呈现出来。它可能是一个计算器、某种工具，也可以是一个视频，可以是任何东西。它不一定就是语言文字。这就是为什么我们称之为内容设计。"
   这个例子代表了我写作这本书的过程：只要有可能，我就与做实际工作的人一同进行原始研究，并权衡风险。我们的讨论用第三方资源和文章来阐明研究，提供超越行业和预算的经验教训。虽然品牌的不良行为经常成为头条新闻，但我们应该效仿的是好的行为。我把注意力转向那些致力于培养信任和建立信心的组织，希望你也会这样做。

第一部分　声音　让交流触达用户心智

1. Nicole Fenton and Kate Kiefer Lee, *Nicely Said: Writing for the Web with Style and Purpose* (San Francisco: New Riders, 2014), 61.
2. 在《我为喜剧狂》(*30 Rock*) 第 1 季第 6 集中，莉兹·莱蒙（Liz Lemon）问她的傻瓜男友，为什么在手机时代还要坚持使用寻呼机。"技术是循环发展的，莉兹！" 他反驳道。当然了，在寻呼机这件事情上，现实并非如此。但是当新模型远不如你现有的产品好时，这的确是一个令人感到安慰的幻想。
3. 1965 年，美国仙童半导体公司（Fairchild Semiconductor）的研发总监戈登·摩尔（Gordon Moore）指出，密集集成电路上的元件数量每年翻一番，而且很可能会继续保持这一速度。1975 年，在与他人共同创立英特尔公司若干年之后，摩尔修正了自己的预测，称晶体管的数量将每两年翻一番。摩尔定律已成为电路设计的一条主导公理，推动了许多行业中计算能力的进步。

第 1 章　保持一致的表达，展现个性

1. Mailchimp, "Mailchimp' s Year in Review 2019, Market Share". 就年度报告而言，这份报告令人眼花缭乱。它既充满惊喜，又毫无意外：它体现了该品牌信息丰富、支持性强、风趣十足的声音。它用风格鲜明的方式强调客户的成就来报告公司的业绩。
2. Mailchimp, "Mailchimp' s Year in Review 2019, Active Customers".
3. 设计师雷蒙德·洛伊在他的作品和自传中阐释了他的至上原则，"最前卫，但依然可以接受"：*Never Leave Well Enough Alone* (1951; Baltimore, MD: Johns Hopkins University Press, 2002)。设计师经常努力为用户提供新视角去看待日常体验，以及熟悉到让人完全无视的事物。可如果你的用户看着一把椅子，却不知道该怎么坐上去，也不知道该坐在哪里，他就不会把椅子买回家。
4. Erin Crews, "Voice and Tone Principles," Mailchimp internal documentation, October 2019.
5. Mailchimp, "Mailchimp Content Style Guide".
6. 在《运作中的内容策略》[*Content Strategy at Work: Real-World Stories to Strengthen Every Interactive Project* (Burlington, MA: Morgan

Kaufmann, 2012)］一书中，我详细介绍了消息结构的过程和影响。它是一个由交流目标构成的层次体系，或者说是一个大纲，反映了围绕着有限词汇表展开的内部练习。我使用 BrandSort 来为工作提供便利，指导我的客户团队进行了一种三步骤练习。首先，他们对卡片进行分类，以反映他们是什么样的、不是什么样的，以及他们想成为什么样的。如果我们倡导的方案获得成功的话，品牌就可以在目标受众的心目中拥有那些品质。其次，我们仔细审视客户筛选的“我们是什么样的”和“我们想成为什么样的”，这些卡片代表了该品牌当前的状态和未来期望的状态。我要求他们考虑哪些品质是他们在向前推进的过程中想保留的，哪些品质则是可以抛在身后的。这个活动充满野心，而我的确希望他们拥有远大的抱负。也许那家公司一直被认为是传统而乏味的，而现在则是时候关注他们的研究了，那里预示着一个创新的新时代即将到来！也许那家公司一直被视为地方企业，但新的招聘和信息传达意味着它想成为一个全国性品牌！无论目标是什么，他们都会专注地列出“我们想成为什么样的”清单。最后，我们会仔细研究清单，确定上面出现的词组或模式。是否有一组词语表达了他们希望被公众了解的一面，比如说友好、热情和平易近人？有没有另一个词组可以描述他们创业、创新和富有见识的一面？通过厘清这些词组并进行优先级排序，我们为品牌撰写了一个全新的故事，描述什么才是最重要的交流内容、接下来会发生什么，等等。以上所做的，就是有关消息结构的事情。它是一个可操作的内部工具，用于指导设计师、文案写手以及整个用户体验和创意团队的工作。

7. 在“被遗弃的共和国”网站上，罗宾·亚当斯（Robyn Adams）采访了插画家凯文·萨尔基，用“卡其色后面的评说”讲述了这个深受喜爱的品牌的丰富历史。如果你对那些诙谐的文字、令人沉浸其中的商店装潢，以及无可挑剔的铅笔画作有着美好的回忆，那就花些时间欣赏一下她收藏的珍宝吧。Robyn Adams, “Banana Republic Memories from Staff Artist Kevin Sarkki,” Abandoned Republic, June 2, 2011.
8. “气候服务台”详情请参阅罗宾·亚当斯的讨论。“Memos to Kevin re: Banana Republic,” Abandoned Republic, March 20, 2014.
9. Elizabeth MacGowan, “The Banana Connection,” *Backpacker Magazine*, September 1986, 13.
10. The J. Peterman Company, “Owner' s Hat,” J Peterman.com, 2010-2011.

第 2 章 秉持透明的原则，展示自信

1. James Comey, "Message from the Director," 2015 Crime in the United States, Criminal Justice Information Services Division.
2. 妮可・芬顿在 18 楼任职期间，指导了一个分散的文案和内容设计师团队完成了一系列任务。她亲自领导 FBI 犯罪数据资源浏览器的面谈、测试和内容设计工作。在美国总务管理局任职结束之后，芬顿加入 Vox Media，担任 Chorus 出版平台的首席社群经理。

第 3 章 使用简单的语言，赋能用户

1. Henry David Thoreau, *Walden* (1854; New York: Book of the Month Club, 1996), 119.
2. 爱因斯坦实际上说的是："几乎不能否认，所有理论的最高目标都是使不可约的基本元素尽可能简单、尽可能少，而不必放弃对单一经验数据的充分表现。"但作曲家罗杰・塞欣斯（Roger Sessions）将爱因斯坦的话说得尽可能简单、尽可能方便被引用。塞欣斯 1950 年 1 月 8 日在《纽约时报》上撰文评论道："我还记得爱因斯坦的一句话，这句话当然也适用于音乐领域。他说过，实际上，一切都应该尽可能简单，要简单到无法更简单！"视觉交流的技巧就像音乐一样，需要关注细节：要具体而清晰地交流，以最精炼的简洁度表达最复杂的概念。
3. ClinicalTrials.gov, "Study to Assess the Safety and Effects of Cells Injected Intravitreal in Dry Macular Degeneration," US National Library of Medicine.
4. Ajay E. Kuriyan, Thomas A. Albini, Justin H. Townsend, Marianeli Rodriguez, Hemang K. Pandya, Robert E. Leonard, II, M. Brandon Parrott, Philip J. Rosenfeld, Harry W. Flynn, Jr., and Jeffrey L. Goldberg, "Vision Loss After Intravitreal Injection of Autologous 'Stem Cells' for AMD," *New England Journal of Medicine* 376, March 2017,
5. National Health Service, "NHS Service Standard: Make Sure Everyone Can Use the Service," Digital Service Manual.
6. Hugh Rayner, Michael Rosen, and Sara Wilcox, *Word of Mouth*, BBC

Radio 4, January 28, 2020.
7. National Health Service, “NHS Service Standard: Make the Service Simple to Use,” Digital Service Manual.
8. Hannah Smith Allen, “Yunghi Kim on Intimacy in Photojournalism,” *Popular Photography*, January 12, 2016.
9. GOV.UK, “The NHS Constitution for England,” Department of Health & Social Care, updated October 14, 2015.
10. National Health Service, “How We Write,” NHS Digital Service Manual, Content Style Guide.
11. 阿普丽尔·斯塔尔不仅是摩托罗拉系统公司的体验研究高级经理，还是癌症工作表的设计师。设计师们眼中的这个世界是真实的，并且他们相信它可以变得更好。他们在其他人认为“够好了”或“从来都是这样”而不屑一顾的问题和对象上运用一系列经验、技能、联系和技巧。斯塔尔在她的所有工作中都体现了这种做法，尤其是在这个项目中，它同时吸引了医生和患者的关注。由于她相信患者的体验可以变得更好，所以如今患者的体验确实变得更好了。Mark Wilson, “This Designer Lost Her Husband to Cancer. Now She’s Helping Others Cope—Through Design,” *Fast Company*, February 25, 2020.

第二部分　信息量　用细节触发用户行动

1. Lisa Eadicicco, “Apple Stores Make an Insane Amount of Money,” *Time*, May 18, 2016.
2. Patagonia, “How We’re Reducing Our Carbon Footprint”.

第 4 章　提供足够的细节，扫除疑问

1. America’s Test Kitchen, *What Good Cooks Know: 20 Years of Test Kitchen Expertise in One Essential Handbook* (Brookline, MA: America’s Test Kitchen, 2016), 172. 即使你不会下厨，你也会觉得“美国测试厨房”提供的内容很吸引人。
2. America’s Test Kitchen, “The Best of Our Favorite (and Least

Favorite) Food Processors," *Cook's Illustrated*, January 2016.
3. Andrew Janjigian, "Best Ground Beef Chili Recipe," *Cook's Illustrated*, November 2015.
4. America's Test Kitchen, "Millionaire's Shortbread," *Cook's Illustrated*, November/December 2016. 不喜欢酥饼？我也不喜欢。但如果你撒一些有嚼劲的、黏糊糊的焦糖和巧克力，我想你会爱上这款酥饼的。
5. 如需了解"美国测试厨房"如何利用社交媒体在电视节目和杂志上推广的例子，可以在社交媒体浏览其团队成员制作"百万富翁酥饼"的幕后视频。
6. Steve Kindig, "Transforming a Basement into a Home Theater," Crutchfield.
7. Deia Zukowski, "How to Choose the Best DSLR Camera for a Beginner," Crutchfield.

第 5 章　在表达中留白，消除焦虑

1. 2010 年，萨拉·理查兹发现内容资源方面需要解决更大的问题。她认为，比起把主要精力用来关注语法、风格和数据维护，他们更应该注重解决政府应该发布什么、为什么发布以及如何发布的结构性挑战。她的倡议为 GDS 内容设计团队提供了结构和范围方面的信息。理查兹现在作为伦敦内容设计公司的创始负责人，就内容战略和内容设计方面的问题向世界各地的政府、慈善机构和其他组织提供咨询。
2. GOV.UK, "Working When Pregnant," Direct.gov, January 7, 2008.
3. GOV.UK, "Guidance: Government Design Principles," Government Digital Service, September 10, 2019.
4. BeeBase, National Bee Unit, Animal & Plant Health Agency.
5. GOV.UK, "Bumblebees: Licence to Release Non-Native Species in Commercial Premises for Research (CL34)".
6. GOV.UK, "UK Trade Tariff, Chapter 9-Coffee, Tea, Maté and Spices," Government Digital Service Blog, August 6, 2012.
7. GOV.UK, "Trade Tariff, Beta, Coffee, Tea, Maté, and Spices," Government Digital Service Blog, August 6, 2012.
8. GOV.UK, "Trade Tariff: Look Up Commodity Codes, Duty and VAT

Rates”.
9. GOV.UK, “Commodity Information for 5005001010”.
10. GOV.UK, “Claim Child Benefit”.
11. GOV.UK, “Content Design: Planning, Writing, and Managing Content”.
12. Ben Terrett, “A Few Notes on Typography,” Government Digital Service Blog, GOV.UK, July 5, 2012.
13. GOV.UK, “Guidance: Government Design Principles”.

第 6 章　让信息超越事实，激发行动

1. Scraps from the Loft, “*John Mulaney: Kid Gorgeous at Radio City* (2018)-Full Transcript,” May 5, 2018.
2. Sententiae Antiquae, “What Is Believed Overpowers the Truth: Sophoklean Fragments on Lies and Truth,” June 23, 2015.
3. Richard Saul Wurman, *Tokyo Access* (Los Angeles: Access Press, 1984).
4. Paul Watzlawick, Janet Beavin Bavelas, and Don D. Jackson, *Pragmatics of Human Communication: A Study of International Patterns, Pathologies, and Paradoxes* (New York: W.W. Norton, 1967).
5. Richard Saul Wurman, *Information Anxiety* (New York: Doubleday, 1989).
6. Center for Civic Design, “About”.
7. Alexandra Chandler was the first transgender person to run for national office from Massachusetts and one of the first transgender people in the US intelligence community to transition on the job.

第三部分　脆弱性　从错误中产生共鸣与力量

第 7 章　与社群协作创造，赢得忠诚

1. Don Norman, “Design Thinking: A Useful Myth,” *Core77*, June 25,

2010.
2. Penzeys Spices, “A comment of hope...” Facebook, October 30, 2018.
3. Penzeys Spices, “Dear CEO...” Facebook, December 1, 2016.
4. Global Strategy Group, “Doing Business in an Activist World: Sixth Annual Business & Politics Study,” February 2019.
5. Elizabeth B.-N. Sanders, “Converging Perspectives: Product Development Research for the 1990s,” *Design Management Journal* 3(4), Fall 1992, DOI: 10.1111/j.1948-7169.1992. tb00604.x.
6. Edelman, “Edelman Earned Brand 2018” .
7. Richard Ralphsmith, “Australian Brands Have Gone Political, but It’s Time to Step Outside the ‘Zone of Acceptability,’ ” *Mumbrella*, March 20, 2018.

第 8 章　保持坦诚，以找到力量

1. The White House, “Coronavirus Guidelines for America,” March 16, 2020.
2. Santa Clara County Public Health, “County of Santa Clara Public Health Department Reports Third Case of COVID-19,” February 28, 2020.
3. Fiona Kelliher, “Coronavirus: First Case Confirmed in Santa Clara County,” *The Mercury News*, January 31, 2020.
4. County of Santa Clara Public Health Department, “Health Officer Order to Shelter in Place” .
5. Federal Motor Carrier Safety Administration, “California Governor Newsom Executive Order-N33-20” .
6. Julia Prodis Sulek, “Meet the Doctor Who Ordered the Bay Area’s Coronavirus Lockdown, the First in the U.S.,” *The Mercury News*, March 29, 2020.
7. Elizabeth Cushing, “Our Approach to Disclosure of Medical Error and Compensation,” CRICO, May 29, 2012.
8. Tom A. Augello, “Surgeons and Error Disclosure,” *Patient Safety*

Updates, 10:01, CRICO Podcast, July 1, 2006.

9. D.K. Chan, T.H. Gallagher, R. Reznick, and W. Levinson, "How Surgeons Disclose Medical Errors to Patients: A Study Using Standardized Patients," *Surgery* 138(5), November 2005, DOI: 10.1016/j.surg.2005.04.015.
10. Augello, "Surgeons and Error Disclosure" .
11. Matthew McLachlan and Mark McLachlan, "Fidget Cube: A Vinyl Desk Toy," Kickstarter.
12. Matthew McLachlan and Mark McLachlan, "Production, Shipping Timeline, and Other News!" Kickstarter, December 7, 2016.
13. Matthew McLachlan and Mark McLachlan, "Happy New Year+ Shipping Update," Kickstarter, January 4, 2017.
14. Matthew McLachlan and Mark McLachlan, "January Shipping Update, Fidget Family Spotlight, and More!" Kickstarter, January 26, 2017.
15. Matthew McLachlan and Mark McLachlan, "Communication, Shipping Updates, and Fidget Family Spotlight!" Kickstarter, March 2, 2017.
16. Matthew McLachlan and Mark McLachlan, "Introducing...Fidget Cube Collectibles," Kickstarter, January 2, 2018.
17. Michael V. Copeland, "Pseudoscience Saps the Power of TEDx Brand," *Wired*, December 7, 2012.
18. Evgeny Morozov, "The Naked and the TED," *The New Republic*, August 2, 2012.
19. Nilofer Merchant, "When TED Lost Control of Its Crowd," *Harvard Business Review*, April 2013.
20. TED, "Dimitar Sasselov, TED Global 2010: How We Found Hundreds of Potential Earth-Like Planets," July 2010.
21. Gap Inc., "Inclusion, by Design" .
22. Gap Inc., "Measuring Our Progress" .
23. Old Navy, "Earlier this week..." Facebook, February 3, 2018.
24. Eric S. Yuan, "A Message to Our Users," Zoom, April 1, 2020.
25. Taylor Lorenz, " 'Zoombombing' : When Video Conferences Go Wrong," *The New York Times*, March 20, 2020.

结语 品牌发声的能力，就是未来的核心竞争力

1. Henry Rollins, *Provoked*, 2.13.61, Inc., 2008, audio CD. 虽然西奥多·罗斯福（Theodore Roosevelt）、埃丽卡·容（Erica Jong）和其他许多人表达了同样的观点，但我们现在最需要的是朋克音乐家亨利·罗林斯那样的能量和主观式情感。播种希望和为他人赋能授权需要能量，我们都有责任去做这项工作。
2. Pew Research Center, "Americans' Confidence That Scientists Act in the Public Interest Is up Since 2016," February 11, 2020.
3. Matthew Goldberg, Abel Gustafson, Seth Rosenthal, John Kotcher, Edward Malbach, and Anthony Leiserowitz, "For the First Time, the Alarmed Are Now the Largest of Global Warming's Six Americas," Yale Program on Climate Change Communication, January 16, 2020.
4. Sleeping Giants 是一家社交媒体积极行动主义组织，其目标是说服品牌停止在为种族主义、性别歧视、仇外或反犹太主义等报道和编辑内容提供平台的新闻媒体上做广告或为其提供资金。这一组织于 2016 年创立，旨在引导人们关注 Breitbart News Network 平台上的广告商。它的宣传活动可能已经引起了新近被动员起来的受众和广告商们的注意，因为许多人对于自己的广告是通过程序化广告，也就是针对细分受众群而非特定网站的广告投放来支持网站内容的事实表示惊讶。有了这些信息，Sleeping Giants 发起了一场草根宣传运动，提醒广告商们，它们出现在了 Breitbart 上，从而导致数百家公司从该网站上撤下广告。

   2016 年，香农·库尔特（Shannon Coulter）和休·阿腾西奥（Sue Atencio）针对特朗普的总统竞选活动，在社交平台 X 上发起了 GrabYourWallet 的草根抵制活动。为了回应该候选人对女性的粗俗下流的诋毁，抵制活动针对了从竞选活动的种族主义、仇外心理和性别歧视中获利的特朗普品牌零售商。在最初的三年里，Grab Your Wallet 网站实时列出了哪些公司仍在销售特朗普品牌的产品。它鼓励访问者与公司联系，以尊重的态度表达他们的担忧，并且让他们在这些公司与特朗普品牌断绝财务关系之前不要与其有商业往来。抵制活动很出名，也很成功，促使 70 家公司放弃了特朗普品牌。现在，作为一个 501c4 非营利组织，Grab Your Wallet 已经发展成为一种更通用的资源，帮助人们以促进公平和尊重的方式发挥自己的经济力量。

5. Molly McLaughlin and Brian T. Horowitz, “Mailchimp Review,” *PCMag*, October 31, 2019.
6. Mailchimp, “Mailchimp Transparency Report” .
7. Jacob Elson, “Customer Data Killed the Shopify-Mailchimp Partnership,” *Ecommerce Magazine*, March 27, 2019.
8. Mintel Press Office, “UK British Lifestyles Market Report,” June 7, 2018.
9. Mailchimp, “Annual Report, 2019, Ecommerce Orders” .
10. Datanyze, “Market Share, Emailing Marketing” .

图片

1-1 Screen captures from Mailchimp, “The Beginning of Freddie & Co.,” ; Mailchimp, “Meg’ s Freddie & Co. Recap” .

1-2 Photograph by Mel Ziegler, “Before Banana Republic Was Mainstream Fashion, It Was a Weirdly Wonderful Safari Brand,” *Adweek*, March 16, 2016.

1-3 Men’ s Authentic Ticking Shirt, Banana Republic Travel & Safari Clothing Co. catalogue, fall 1987, 62.

2-1 Koss ad, Koss.

2-2 Screen capture from the Crime Data Explorer, Clark County School District, Federal Bureau of Investigation.

3-1 NHS advisory pop-ups, National Health Service.

4-1 Pages from *Cook’ s Illustrated*, November/December 2010, 16-17.

4-2 America’ s Test Kitchen Twitter post, March 17, 2016.

5-1 Screen capture from Business Link, Government Digital Service Blog, GOV.UK, August 6, 2012.

5-2 Screen capture of trade tariff information, GOV.UK.

5-3 Screen capture of tariffs for commodity 5005001010 (yarn spun from silk waste, not put up for retail sale) from GOV.UK.

5-4 Screen capture of information on claiming the Child Benefit, GOV.UK.

6-1 Illustration by Margot Bloomstein.

6-2 Instruction slip from an Arapahoe County ballot package, Center for Civic Design.
7-1 Screen shot from Penzeys' sales chart, Penzeys, Facebook.
8-1 Screen shot from the web page for Dimitar Sasselov's July 2010 TED talk, TED.

Alda, Alan. *If I Understood You, Would I Have This Look on My Face? My Adventures in the Art and Science of Relating and Communicating.* New York: Random House, 2017.

Bloomstein, Margot. *Content Strategy at Work: Real-World Stories to Strengthen Every Interactive Project.* Burlington, MA: Morgan Kaufmann Publishers, 2012.

Botsman, Rachel. *Who Can You Trust? How Technology Brought Us Together and Why It Might Drive Us Apart.* New York: PublicAffairs, 2017.

Carr, Nicholas. *The Shallows: What the Internet Is Doing to Our Brains.* New York: W.W. Norton & Company, 2011.

Doerr, John E. *Measure What Matters: How Google, Bono, and the Gates Foundation Rock the World with OKRs.* New York: Portfolio/Penguin, 2018.

Kovach, Bill, and Tom Rosenstiel. *Blur: How to Know What's True in the Age of Information Overload.* New York: Bloomsbury, 2015.

McCloud, Scott. *Understanding Comics: The Invisible Art.* New York: HarperCollins Publishers, 1994.

Nichols, Tom. *The Death of Expertise: The Campaign Against Established Knowledge and Why It Matters.* New York: Oxford University Press, 2017.

Oreskes, Naomi. *Why Trust Science?* Princeton, NJ: Princeton University Press, 2019.

Pillot de Chenecey, Sean. *The Post-Truth Business: How to Rebuild Brand Authenticity in a Distrusting World.* London: Kogan Page Inspire, 2019.

Pink, Daniel H. *When: The Scientific Secrets of Perfect Timing.* New York: Riverhead Books, 2017.

Thomas, David Dylan. *Design for Cognitive Bias.* New York: A Book Apart, 2020.

Wodtke, Christina. *Pencil Me In: The Business Drawing Book for People Who Can't Draw.* Palo Alto: Cucina Media, 2017.

Trustworthy
致 谢

请允许我清楚、详细，并且心潮澎湃地表达我的感激之情。有这么多人向我提供反馈、介绍同事，并给予我提问和分享想法的平台。如果我能看得远，那是因为我站在巨人的肩膀上。

感谢会议和活动的组织者和与会者，是他们让我在台上阐述了这些想法。克里斯蒂娜·霍尔沃森（Kristina Halvorson）、特内莎·格梅尔克（Tenessa Gemelke）以及孔法布（Confab）一家，你们的指导像金子一样宝贵，也感谢你们建立这样一个协作社群。杰弗里·泽尔德曼（Jeffrey Zeldman）、埃里克·迈耶（Eric Meyer）以及 An Event Apart 的所有人，感谢你们让我把我的经验传授给更广泛的受众。SXSW、Design & Content Conference、Content Marketing Conference、Women Talk Design、OmnichannelX、Fluxible、UX in the City、World Interaction Design Day、World Information Architecture Day Boston 以及 UIE，感谢你们和你们的听众信任我。

要想走得远，就要结伴同行，我很庆幸并感激和 Camp Contentment 的伙伴们一同周游世界。珍妮弗·杰弗里（Jennifer Jeffrey），里克·艾伦（Rick Allen），科里·维尔豪尔（Corey Vilhauer），克丽·迈亚拉（Keri Maijala），艾琳·韦布（Eileen Webb），史蒂夫·菲舍尔（Steve Fisher），莉萨·玛丽亚·马奎斯（Lisa Maria Marquis），萨拉·瓦赫特-贝彻（Sara Wachter-Boettcher），感谢你们在我最需要的时候向我提供了我所需要的反馈。莱迪斯拉克（Ladyslack），谢谢你给予我程度相同的建议、鼓舞和沉默。位于米尔街（Mill）5 号的 Coffee and Cotton、Mill City Cheesemongers，谢谢你们在繁忙的社区里为我提供能够专注工作的空间。埃米·蒂博多（Amy Thibodeau）、丹·赞博尼尼（Dan Zambonini）、比泽（Bize），感谢你们，我就是在这里第一次写下我的想法的。

众多与我有着不同经验的人提供的慷慨介绍、反馈和观点，拓展了本书的广度。你会在本书中听到他们的许多声音。克里斯·阿沃尔（Chris Avore），托尼亚·巴茨（Tonia Bartz），琳恩·博伊登，安妮塔·程（Anita Cheng），达娜·切斯尼尔，贝迪汉·奇纳尔（Bedirhan Cinar），乔纳森·科尔曼（Jonathon Colman），埃琳·克鲁斯（Erin Crews），卡伦·道森（Karen Dawson），卡拉·德弗里亚斯（Kara DeFrias），凯蒂·德尔安杰尔（Katie Del Angel），克里斯蒂安·德莱尔（Christian DeLisle），凯塔琳娜·莱森·德莱尔（Kataryna Lyson DeLisle），索菲·丹尼斯（Sophie Dennis），杰夫·伊顿（Jeff Eaton），尼柯尔·芬东，凯瑟琳·格雷（Katherine Gray），马修·格罗基（Matthew Grocki），埃丽卡·霍尔（Erika Hall），卡丽·哈恩（Carrie Hane），凯文·霍夫曼（Kevin

Hoffman），杰万·豪厄尔（Jevaun Howell），阿伦·伊里萨里（Aaron Irizarry），丹尼丝·雅各布斯（Denise Jacobs），凯特·基弗·李，阿哈瓦·莱布塔格（Ahava Leibtag），唐娜·利乔（Donna Lichaw），奥利弗·林德伯格（Oliver Lindberg），杰弗里·麦金泰尔（Jeffrey MacIntyre），法拉伊·马津玛（Farai Madzima），克里斯托弗·马贾诺，卡伦·麦格雷恩（Karen McGrane），凯特·奥尼尔（Kate O'Neill），劳拉·加斯纳·奥廷（Laura Gassner Otting），琳恩·波利崔克（Lynne Polischuik），萨拉·理查兹，莉兹·鲁滨逊（Liz Robinson），布伦达·桑德森（Brenda Sanderson），梅拉妮·塞伯特（Melanie Seibert），塔尼娅·斯努克（Tanya Snook），萨曼莎·索马（Samantha Soma），阿普丽尔·斯塔尔，温迪·施腾格尔（Wendy Stengel），薇姬·泰纳基（Vicky Teinaki），凯茜·特威利格（Cathy Terwilliger），埃米·蒂博多，戴维·迪伦·托马斯（David Dylan Thomas），格蕾琴·托马斯（Gretchen Thomas），诺兹·乌尔维纳（Noz Urbina），塔姆森·韦伯斯特（Tamsen Webster），安迪·韦尔弗尔（Andy Welfle），海因茨·威腾布林克（Heinz Wittenbrink），克里斯蒂娜·沃特克，卡罗琳·伍德（Carolyn Wood）。感谢你们回复我的深夜邮件，乃至后来的私信。

杰夫·施里夫（Jeff Shreve），谢谢你很早就热心地为这本书的构思提供了指导意见。

乔希·西尔弗曼（Josh Silverman），如果没有遇见你，我的世界会比现在小很多。谢谢你提供的介绍、机会、好点子，以及好上加好的双关语。

特雷娜（Trena）、凯拉（Caela）、阿曼达、彼得（Peter）、安妮玛丽（Annemarie）、梅莉萨（Melissa）、艾莉森（Alison），以及 Page Two 的整个团队，感谢你们为本书投入了时间并发挥了创造力和天赋。我很荣幸能够与你们合作，将这些理念活灵活现地呈现出来。

吉尔·斯温森（Jill Swenson），你是一个苛刻而难以应付的人。编辑是一种爱的行动，我要谢谢你严厉的爱。你不顾我的恐惧、怀疑和蹩脚作品，坚定地支持我的想法和声音。我代表这本书的所有读者感谢你。

爸爸妈妈，感谢你们给我无尽的鼓励、无微不至的照顾，以及让我得以专心撰写此书的支持。以你们为榜样，我坚信机遇无处不在，我总能碰上好运。

克洛弗，感谢你总是能提出重要问题，并为我提供重要答案。唯一一件比设计通往更美好世界的道路更有趣的事情，就是与你、迪迪（Deedee）一起探索世界。

迈克，谢谢你听我朗读关于我的想法的草稿，并且激励我在把它们印刷成书或带上演讲台前进行更努力地思考。风呼啸着吹过我的草稿，仿佛它们只是为更大的愿景搭建的脚手架，而你用这些愿景支撑着信念，给予我足够大的空间，并在我们的生命中留出时间让它们茁壮成长。谢谢你信任我、爱我，以及为我们做晚餐。

未来，属于终身学习者

我们正在亲历前所未有的变革——互联网改变了信息传递的方式，指数级技术快速发展并颠覆商业世界，人工智能正在侵占越来越多的人类领地。

面对这些变化，我们需要问自己：未来需要什么样的人才？

答案是，成为终身学习者。终身学习意味着永不停歇地追求全面的知识结构、强大的逻辑思考能力和敏锐的感知力。这是一种能够在不断变化中随时重建、更新认知体系的能力。阅读，无疑是帮助我们提高这种能力的最佳途径。

在充满不确定性的时代，答案并不总是简单地出现在书本之中。“读万卷书”不仅要亲自阅读、广泛阅读，也需要我们深入探索好书的内部世界，让知识不再局限于书本之中。

湛庐阅读 App：与最聪明的人共同进化

我们现在推出全新的湛庐阅读 App，它将成为您在书本之外，践行终身学习的场所。

- 不用考虑“读什么”。这里汇集了湛庐所有纸质书、电子书、有声书和各种阅读服务。
- 可以学习“怎么读”。我们提供包括课程、精读班和讲书在内的全方位阅读解决方案。
- 谁来领读？您能最先了解到作者、译者、专家等大咖的前沿洞见，他们是高质量思想的源泉。
- 与谁共读？您将加入优秀的读者和终身学习者的行列，他们对阅读和学习具有持久的热情和源源不断的动力。

在湛庐阅读App首页，编辑为您精选了经典书目和优质音视频内容，每天早、中、晚更新，满足您不间断的阅读需求。

【特别专题】【主题书单】【人物特写】等原创专栏，提供专业、深度的解读和选书参考，回应社会议题，是您了解湛庐近千位重要作者思想的独家渠道。

在每本图书的详情页，您将通过深度导读栏目【专家视点】【深度访谈】和【书评】读懂、读透一本好书。

通过这个不设限的学习平台，您在任何时间、任何地点都能获得有价值的思想，并通过阅读实现终身学习。我们邀您共建一个与最聪明的人共同进化的社区，使其成为先进思想交汇的聚集地，这正是我们的使命和价值所在。

图书在版编目（CIP）数据

品牌发声 /（美）玛戈 · 布卢姆斯坦著 ; 汪幼枫译 . 杭州 : 浙江科学技术出版社 , 2025. 8. -- ISBN 978-7-5739-1865-9

Ⅰ. F273.2

中国国家版本馆 CIP 数据核字第 2025DC1836 号

书　　名　品牌发声
著　　者　[美] 玛戈 · 布卢姆斯坦
译　　者　汪幼枫

出版发行　浙江科学技术出版社
地址：杭州市环城北路 177 号　邮政编码：310006
办公室电话：0571－85176593
销售部电话：0571－85062597
E-mail:zkpress@zkpress.com
印　　刷　河北鹏润印刷有限公司

开　本	710mm×965mm　1/16	印　张	16
字　数	200 千字	插　页	1
版　次	2025 年 8 月第 1 版	印　次	2025 年 8 月第 1 次印刷
书　号	ISBN 978-7-5739-1865-9	定　价	99.90 元

责任编辑　陈　岚　　**责任美编**　金　晖
责任校对　张　宁　　**责任印务**　吕　琰